Fritz Mauthner

Von Keller zu Zola

Fritz Mauthner
Von Keller zu Zola
ISBN/EAN: 9783744675567

Hergestellt in Europa, USA, Kanada, Australien, Japan

Cover: Foto ©ninafisch / pixelio.de

Weitere Bücher finden Sie auf **www.hansebooks.com**

Von Keller zu Zola.

Kritische Aufsätze
von
Fritz Mauthner.

Inhalt:

Gottfried Keller.
Fr. Th. Vischer.
J. V. Scheffel.
Bret Harte (Parodie).

Berliner Stilkünstler.
Paul Lindau.
Alphonse Daudet.
Emile Zola.

Berlin.
J. J. Heines Verlag.
1887.

Von Keller zu Zola.

Von demselben Verfasser ist erschienen:

Kein Gut, kein Muth. Proverbe.
Nach berühmten Mustern. Parodistische Studien.
Nach berühmten Mustern. Neue Folge.
Vom armen Franischko. Geschichten eines kleinen Kesselflickers.
Die Sonntage der Baronin. Novellen.
Der neue Ahasver. Roman.
Dilettanten-Spiegel. Poetik in Versen.
Xanthippe. Roman.
Aturenbriefe. Satiren.
Quartett. Roman.
Der letzte Deutsche von Blatna. Erzählung.
Credo. Gesammelte Aufsätze.

Von Keller zu Zola

Kritische Aufsätze

von

Fritz Mauthner

Berlin
J. J. Heines Verlag
1887

Gottfried Keller.

I.

Wir sind Zeugen gewesen, wie Fritz Reuter langsam aus dem lustigen Anekdotenerzähler seiner engeren Heimat zu einem Lieblingsdichter des ganzen deutschen Volkes heranwuchs. Es war eine Freude, mitzuerleben, wie bedeutende zielweisende Männer erst in kleinen, dann in immer größeren Kreisen sein Lob verkündeten, wie sich um die plattdeutschen Schriften zuerst in Norddeutschland eine begeisterte Gemeinde sammelte, wie dann bald auch der Süden die Mühe nicht scheute, sich in die unbekannte Mundart zu vertiefen, wie die Verehrer Fritz Reuters aus allen Gauen des Reiches einander an einzelnen Schlagworten Onkel Bräsigs wie an einem Freimaurerzeichen erkannten, und wie endlich der Hausschatz Reuterscher Poesie eines Tages als ein unverlierbares Gemeingut des ganzen Volkes gehoben war.

Wenn schon der Besitz des Reuter'schen Lebenswerkes werthvoll zu nennen ist, so gilt das von Gottfried Keller um so viel mehr, als dieser Schweizer an Gedankentiefe, an Sprachgewalt und an Größe des Humors über dem Plattdeutschen steht, dessen Bildungsgang zu früh und zu roh unterbrochen worden ist, dessen Darstellungskunst erlahmt, wenn er ohne schalkhafte Absicht hochdeutsch schreibt, und dessen ewig junger und frischer Humor nur zu oft an die Schnurren erinnert, von denen er ausgegangen ist. Wir wollen nicht so bald aufhören, uns an Fritz Reuter zu ergötzen und uns von Bräsigen rühren zu lassen; aber wir wollen bei Zeiten erkennen, daß wir eine Stufe emporsteigen, wenn wir unseren anderen großen Humoristen, wenn wir Gottfried Keller zu unserem Lieblingsdichter machen.

Die Schriftsteller-Laufbahn beider weist manche Aehnlichkeit auf. Sie wollten zuerst Maler werden und kamen vielleicht dadurch erst in reifen Jahren zu ihrem wirklichen Berufe; vollends der Ruhm ist beiden erst gekommen, als es Abend werden wollte. Wir wollen uns aber vor Allem eines plumpen Unterschiedes freuen: Gottfried Keller ist nicht todt, ist nicht einmal mit seinen 68 Jahren im Rückgang, sondern unterstützt die Propaganda, die wir offen für ihn machen, immer noch mit neuen herrlichen Werken.

Gottfried Keller ist auch in seine Heimath erst von Deutschland aus eingeführt worden. Sein Ruhm ging nicht von der Schweiz aus; nein, „im Reich", von hervorragenden Dichtern und Gelehrten, wurde er zuerst bewundert. Paul Heyse nannte ihn in einem schönen Sonette den „Shakespeare der Novelle". Fr. Th. Vischer hat seinen halben Landsmann in stürmischer Weise gefeiert. Und Berthold Auerbach rühmte sich, ihn „entdeckt" zu haben, was den ersten Monographen Kellers

zu dem hübschen Scherze führte: Auerbach müßte den
von ihm zuerst Erkannten dem Brauche großer Entdecker
gemäß nach seinem Namen „Auerbachs Keller" nennen.
Aber noch ist das wünschenswerthe Ziel nicht erreicht.
Noch zählen auch in den gebildeten Schichten des deut=
schen Volkes diejenigen nach Tausenden, welche den
Namen des Dichters bisher kaum vernommen haben.
Einigen dieser Fremden den Dichter Gottfried Keller
vorzustellen, ist die dankbare Aufgabe dieser Zeilen.

Ob das Ziel durch eine wissenschaftliche Arbeit über
den Dichter, durch kritische Aufdeckung seiner Quellen
und Ableitung seiner Gestalten am sichersten zu erreichen,
darf ich um so eher bezweifeln, da es mir versagt wäre,
den lebendigen Mann derart unter das Sezirmesser zu
nehmen. Ich darf also bequem meine Unfähigkeit mit
einer grundsätzlichen Meinung entschuldigen. Wem es
aber blos um die Entwickelung Gottfried Kellers zu thun
ist, der findet sie, hübsch übersichtlich durch ihn selbst
zusammengestellt, in der neuen Gesammtausgabe seiner
Gedichte. Man kann die ehrlichste Selbstbiographie
zwischen den Zeilen lesen, wenn man gewohnt ist, nur
solche Verse schön zu finden, welche die lauterste Wahr=
heit enthalten.

Der Zeitraum, innerhalb dessen Kellers Gedichte
entstanden sind, beträgt beinahe vierzig Jahre. Wir
lernen darum gleichzeitig den gewordenen und den wer=
denden Meister kennen. Wir sehen Keller um die Wette
mit der schwäbischen Dichterschule von Lenz und Liebe
singen, von seliger goldener Zeit, von Freiheit und

Männerwürde; wir hören seine gepanzerten Streitlieder, in denen er neben den politischen Dichtern des Vormärz an Rückert anknüpft; wir schließen uns mit ihm an Heinrich Heine an, den Keller liebt, parodiert und überbietet; wir sehen den Dorfgeschichtenerzähler Berthold Auerbach wieder aufleben, ja hinter ihm erscheint gar der Schweizer Jeremias Gotthelf, welche beide zu Kellers Bauernnovellen Patenstelle vertreten; endlich erblicken wir die einzige Goethe'sche Form, das herrliche Gewand der Helena, erfüllt von einem neuen Inhalt: dem Humor, einem neuen Keller'schen Humor, der stark ist, reif und berauschend wie alter Rheinwein.

Vor der Gesammtausgabe seiner Gedichte verrieth Keller uns manches Geheimnis seiner Entwickelung schon durch den großen Roman „Der grüne Heinrich", der freilich an erobernder Kraft einbüßte, was er an tiefer Weisheit wenn möglich zu viel gewann. Zu Anfang der fünfziger Jahre, als Heine seine letzten frechen Verse schrieb und Scheffel schon für seinen „Ekkehard" einen Verleger suchte, entstand der Roman, in welchem das Geheimniß der Sprache von Goethe's „Dichtung und Wahrheit" wieder aufgefunden zu sein scheint. Es ist den Zeitgenossen nicht allzusehr übel zu nehmen, daß sie den Verfasser trotzdem nicht sofort auf den Schild erhoben. Der Roman war eine That der Selbstbefreiung, aber Keller war noch kein fertiger Künstler.

Unbegreiflich ist es aber, daß Keller's Hauptwerk, das erst dem Siebenunddreißigjährigen glückte, nicht sofort eine Revolution hervorrief, die klassische Novellen=

ſammlung, die ſelbſt den flüchtigen Leſer bei der erſten
Bekanntſchaft entzückt und die der Kenner jedes Jahr
einmal mit immer neuer Freude aufſchlägt.

Im Jahre 1856 veröffentlichte er dieſes Buch:
„Die Leute von Seldwyla".

Und hätte er danach für immer geſchwiegen, wie
er denn auch wirklich für fünfzehn Jahre verſtummte,
er müßte dennoch unſeren erſten Schriftſtellern beigezählt
werden.

Einen tragiſchen Stoff hat er darin nur einmal
behandelt, in „Romeo und Julia auf dem Dorfe",
vielleicht der populärſten Schöpfung Kellers; aber auch
hier iſt der Stil nicht tragiſch, ein Humoriſt bleibt
Keller auch da noch, wo er uns durch die Hölle führt.

Deshalb wird mancher Leſer mit mir die luſtigſten
unter dieſen Geſchichten nicht nur um des Vergnügens,
ſondern auch um der aufgewendeten Kunſt willen noch
höher ſchätzen, als die ergreifende Liebesnovelle. „Die
drei gerechten Kammmacher", worin der Dichter mit
dem feinſten Humor der Charakteriſtik die Partei der
guten Narren gegen die klugen Egoiſten ergreift —
„Kleider machen Leute", worin der tollſte Humor der
Situation uns wie ein ungeheuer komiſches, eigenes Er-
lebniß packt — „Der Schmied ſeines Glückes", worin
der verwegenſte Humor der Erfindung uns lachen machte,
wollte auch ein griesgrämiger Pedant den Fall vortragen; dieſe drei Meiſterwerke ſichern ihrem Dichter wohl
die verhältnißmäßige Unſterblichkeit einiger Jahrhunderte.
Sein ſieghafter Humor verbürgt dieſe Dauer, dieſer

eigenartige, ja unerhörte Humor, der niemals zur Rühr=
seligkeit übergeschnappt, aber auch niemals zum harten,
herzlosen Witz wird, dieser tiefsinnige und schalkhafte
Humor, der alle Narrheiten und Schlechtigkeiten der
Menschen kennt, über sie unerbittlich spottet, und dennoch
niemals ungerecht wird.

Seine Gerechtigkeit gegen das Gesindel, das er
schildert, ist so groß, als besäßen seine Gestalten Fleisch
und Blut und der Dichter wäre ein Anhänger der
Besserungstheorie im Strafrecht. „So ist jedes Unwesen
noch mit einem goldenen Bändchen an die Menschlichkeit
gebunden," das schöne Wort entfährt dem Dichter, nur
weil ein rechter Ekel von einem Blaustrumpf eine Mutter
hat, die ihn nicht hungern lassen will.

Aus dem preiswerthen Buche ein einzelnes Stück
herauszugreifen und ihn für die Perle, für den Ausbruch
der Auslese zu erklären, ist ein mißliches Ding. Wenn
man sich erst in einen Dichter von so eigenem Profil
richtig verliebt hat, gefällt Einem am Ende das Werk
am besten, in welchen der Meister am persönlichsten lebt.
So weiß ich nichts Keller'scheres und nichts Köstlicheres
als „Die drei gerechten Kammmacher"; man sollte
glauben, der Spaß müßte noch die letzte Nacht eines
Verurtheilten erheitern können. Wenigstens gegen Zahn=
schmerz hilft er gewiß.

Weil diese allerergötzlichste Geschichte aber doch so
durch und durch Kellerisch ist, darum ist sie vielleicht
weniger geeignet, seine Bekanntschaft so vortheilhaft zu
vermitteln, wie die vielgerühmte und mit Recht be=

wunderte Novelle „Romeo und Julie auf dem Dorfe", in welcher immer wieder der leicht parodirende Titel stört.

In den „Kammmachern" ist kein fremder Tropfen.

Des Dichters Derbheit, die aber bei ihm niemals Frivolität ist, scheut nicht vor einer Wieland'schen Bestrafung der Prüden, der Jungfer, zurück und führt schließlich eine Prügelszene vor von so unbändiger Lustigkeit, daß wir zur Vergleichung aus Süddeutschland hinaus müssen und sie nur mit Rabelais vergleichen können. Was aber diese Geschichte noch über die andere erhebt, das ist — um eine Menge Dinge mit dem umfassendsten Worte zu bezeichnen — ihr Reichthum. Es ist ohnehin in Keller's Wesen begründet, daß er wie ein Märchendichter einfach-phantastisch — wenn diese Zusammenstellung gestattet ist — erfindet und dann jedes Besondere mit realistischer Vielfältigkeit vor sich sieht. In den „Kammmachern" erhebt sich diese Gabe auf ihren Höhepunkt. Von der blauen Wanze bis zu dem Hausrath der Jungfer Züs ist Alles gleichzeitig toll erfunden und doch höchst wirklich. Es ist wie in der Natur. Der Leser weiß, daß er unter dem Mikroskop noch mehr Einzelheiten wahrnehmen würde; und darum sieht er auch ohne Mikroskop die Dinge so lebendig.

Und wie etwa ein reicher Mann den Gast durch alle seine Prunkzimmer führen mag und den Staunenden plötzlich mit den Worten entläßt: „Das waren die Fremdenzimmer zu ebener Erde. Ich selbst wohne im oberen Stockwerk, wo sich's noch ganz anders hausen läßt!" — so entläßt uns Keller oft, besonders in dieser

Geschichte, mit einem Wort, das uns jedem wahren Realismus erst ebnen läßt. Mit einem Ruck hebt er uns zu seiner Oberhöhe empor, wir lesen in den übermittelten Streichen den symbolischen Gehalt und lesen das Ganze sofort mit erhöhtem Genuß zum zweiten Male. Seine Novelle endet nicht als Schnurre. Redlich streng ergeht es den drei Gerechten: einer von ihnen erhängt sich gar. Da blitzt es plötzlich dem Leser auf, wie bitterlich der Dichter die berufene Gerechtigkeit — mit sagen "Correctheit" dafür — hassen muß; und die drei drolligen Gesellen erheben sich zu Vertretern der halben Menschheit.

Nur flüchtig seien hier die merkwürdigen "Sieben Legenden" erwähnt, ein Büchlein, das unsere Volksbücher aus der Reformationszeit hätte an Wirkung erreichen können, wenn der Dichter mit ungeschwächter Kraft "den ungeheuren Vorrath des Stoffes" hätte ausbeuten wollen. Es ist zu bedauern, daß Keller mit stolzer Verachtung des "breiten Betriebes" sich auf kleine Proben beschränkt hat, welche den großen Einfall nicht mächtig genug wirken lassen: die poetischen Schöpfungen mönchischen Geistes von ihrem Schmutze zu befreien und sie in einer neuen freien Weltanschauung so lange zu baden, bis die innewohnende Sinnlichkeit sichtbar wird und als echte Schönheit zu Ehren kommt.

II.

Wer nach langer Pause wieder einmal "die Leute von Seldwyla" gelesen hat, ist leicht geneigt, Gottfried

Keller ohne Rückhalt für den bedeutendsten der lebenden deutschen Dichter zu erklären. So ursprünglich, so rein, so frisch ist die Quelle seines Humors, so fein sein Kunstverstand, daß er zugleich die volle Liebe und die ganze Aufmerksamkeit herausfordert wie nur ein anderer Klassiker. Wir wollen nicht einsehen, daß dem Schweizer Erzähler manches mangelt, was andere Poeten reichlich besitzen, daß auch dem herrlichen Keller schließlich Grenzen seines eigenthümlichen Talents gesteckt sind. Aber wenn wir auch davon überzeugt wären: auf die kleinen Schatten hinzuweisen, ist um so weniger Veranlassung, als Gottfried Keller bis heute nicht nur noch nicht überschätzt ist, sondern sich bis vor Kurzem mit einer verhältnißmäßig kleinen Schaar von treuen Verehrern begnügen mußte.

Die einstimmige Anerkennung, welche der Dichter der „Leute von Seldwyla" bei den berufenen Urtheilern gefunden hatte, genügte nicht, um ihn dem deutschen Volke so vertraut zu machen, wie es viele untergeordnete Geister sind. Nur in den gefährlichen ästhetischen Kreisen, welche heute auf eine glückliche Anregung hin Keller vergöttern, um morgen schon Ebers erhaben zu finden, nur bei den gebildeten Frauen und ihren Herren war anfangs von den Seldwylern die Rede.

Als aber die Zeit gekommen und der Schweizer endlich im Munde der Leute war, da kam ein Menschenalter nach dem Meisterwerke der zweite Novellen-Cyklus, „das Sinngedicht"; und da waren die Deutschen auf einmal so reif geworden, daß sie das seltsamere Geschöpf ohne Sträuben aufnahmen und es für umgänglich erklärten, trotzdem die Eigenart des Dichters sich schon ein wenig verknorrt hatte und der Genuß des Buches hie und da ein wenig Arbeit nothwendig machte.

„Das Sinngedicht" gehört zu den „Leuten von Seldwyla" nicht nur wegen der ausgesprochen cyklischen Form, in der die Novellen verknüpft sind, sondern noch mehr wegen des durchtönenden schalkhaften Tones. Doch auch die Fassung, der sogenannte Rahmen, ist nicht als Nebensache zu nehmen. In der ersten Sammlung war die kurze Einleitung ein Mittel, die Menschen in des Dichters Beleuchtung zu rücken oder sein Fernrohr einzustellen. Im Sinngedicht ist die Absicht kleiner, aber die Ausführung bedeutender. Der Rahmen wird zur hübschesten Novelle.

Ein frischer junger Gelehrter fühlt eines Tages, daß er sich überarbeitet habe. Durch Zufall schlägt er, da er ausruhen will, in einem Bande der Lachmannschen Lessingausgabe das folgende Epigramm des alten Logau auf:

„Wie willst Du weiße Lilien zu rothen Rosen machen?
Küß eine weiße Galathee: sie wird erröthend lachen."

„Erröthend lachen!" Das wird von diesem Augenblicke an die Preisaufgabe, zu deren Lösung der junge Gelehrte allen ihm begegnenden Mädchen verhelfen möchte. Doch es will lange nicht gelingen. Die Einen erröthen, und die Andern lachen, wenn er sie aus der puren „Lust und Liebe zur Sache" küßt, die ein tüchtiger Forscher bei Erprobung eines neuen Verfahrens stets anwendet. Endlich findet er auch das Gesuchte: ein liebes, unverdorbenes, sittiges und doch nicht prüdes Mädchen; sie wird sein Weib, und die Hauptgeschichte ist zu Ende. Das Thema: wie muß die Mischung beschaffen sein, damit eine glückliche Ehe zu Stande komme? — wird aber nicht nur in diesem Geschichtchen, sondern auch in mehreren kleinen Novellen behandelt, welche bald die Biographie der ohne Erfolg geküßten Mädchen, bald die Histerie irgend einer unbekannten Heldin bringen, und die alle mit mehr oder weniger Kunst in die umschließende Erzählung verwebt sind.

Solche organische Novellensammlungen, für welche ja der edle Boccaccio das unübertreffliche Ideal ist, sind in den Litteraturen nicht selten. Aber kaum einem Schriftsteller, Diderot etwa ausgenommen, ist es gelungen, die Einheit der Stimmung und der Absicht so festzuhalten, wie Keller in seinem „Sinngedicht". Das Werk steht an künstlerischem Werthe vor Allem hoch über denjenigen Sammlungen, in welchen Rahmen und Inhalt, wie bei einem Oelgemälde, nur äußerlich zusammen gehören. Nur ein kleines Bedenken wäre dagegen vom Standpunkte des Keller'schen Realismus selbst zu äußern: daß die einzelnen Erzähler ihre langen Novellen so aus dem Kopfe zum Besten geben, das entspricht nicht der wortkargen Schlichtheit der Gestalten. Bei den alten Italienern und auch bei der Königin von Navarra sind die meisten Erzählungen nicht länger, als man uns in Gesellschaft etwa zur Noth allein sprechen läßt. Hier aber sind die Berichte zum Theil so lang, daß sie eben von selbst den Charakter von Novellen, d. h. von litte=

rarischen Produkten annehmen, die gedruft vorliegen und gelesen werden müssen.

In einem dritten Cyklus, dem ersten Bande seiner „Züricher Novellen", mag Keller diesen unwahren Ton plötzlich vernommen haben; aber er hat zu dem schlimmen Auskunftsmittel gegriffen, daß der Erzähler der beiden ersten Abenteuer das dritte erst selber niederschreibt, daß so plötzlich eine handelnde Person zum Dichter wird, — wie wenn von der Bühne herunter ein Held aus der Rolle fällt und zum Publikum redet. Freilich bringt ein Vorlesen der Dichtungen wieder ohne Gnade einen gespreizten literarischen Ton hinein, der entweder der Hauptgeschichte oder den eingestreuten Novellen schädlich werden muß.

In der Erfindung der kleinen Fabeln, welche der Dichter in behaglicher Weise zu Novellen verbreitet, zeigt sich Keller wieder als einer der originellsten Köpfe. Man würde die Keckheit, mit welcher er oft unsern Modegeschmack herausfordert, für jenen Muth halten können, der aus der Unkenntniß der Gefahr entspringt, man würde glauben, es mit naivem Uebermuth zu thun zu haben, wenn wir nicht wüßten, daß Keller sich mühsam genug aus romantischen, genialischen und sentimentalen, also unbewußten Anfängen zu der Höhe seines Humors emporgearbeitet hat.

Die Novellen sind natürlich nicht alle von gleichem Werthe; ich würde Jedem rathen, auch dieses Buch zweimal zu lesen und sich's das zweite Mal wohl zu überlegen, ob die bei der ersten Lektüre minder geachteten

Theile nicht am Ende doch die werthvollsten sind. Wenn ich aber doch eine Auswahl treffen soll, so muß ich "Regine", "Don Correa" und vor Allem "die Berlocken" als diejenigen Novellen bezeichnen, welche kein anderer Dichter so schön oder doch so geschrieben haben konnte, wie Gottfried Keller.

Ich hebe die schlichte, fast burschikose Geschichte von den "Berlocken" deshalb besonders hervor, weil in dieser Keller wieder besonders scharf hervortritt. Diese Eigenart ist freilich keine neue Erfindung wie etwa die Schreibart eines durch Reklame gehobenen Schriftstellers, dessen Geige nur die G=Seite besitzt, und der es darum noth= gedrungen auf dieser G=Seite zur Virtuosität gebracht hat. Nein, Keller's Art ist vor Manierirtheit eben durch ihren Reichthum geschützt; denn Manier stammt fast immer von Armuth her. Keller's lehrhafte Neigung zu moralischen Nutzanwendungen, seine Freude am Sym= bolisiren, seine unerschütterliche Berichterstatter = Ruhe könnten an die Altersschriften Goethe's erinnern, wenn dieser sich so lange wie sein Schweizer Epigone die Gabe der Sinnlichkeit gewahrt hätte. Keller schreibt, wie der alte Goethe, wenn er einmal wieder leiden= schaftlich und dadurch plastisch wurde: in litterarischen und naturwissenschaftlichen Dingen.

Aber dabei ist Keller auch jetzt noch vollkommen Herr über seinen Stil. Seine Darstellungsweise stimmt zu seinen Stoffen, wie eben die einzelnen Glieder eines wohlgebauten Menschen. Man kann diese Sprache von keinem andern Schriftsteller, die einzelnen Geschichten in

[Page too faded/blurred to read reliably.]

wie wenig zimperlich der Dichter die Ehefrage auffaßt.
Was an diesen Geschichten altmodisch oder pedantisch
genannt werden könnte, das ist höchstens die Form.
In seiner Anschauung von der Frage selbst ist der
Dichter so modern wie nur George Eliot, wie nur
Ibsen in seiner „Nora", und das selbstbewußteste Weib
könnte mit der Stellung zufrieden sein, die Keller ihm
zuweist.

Wenn aber dieser Mann mit der ehrbarsten Miene
der schönen Leidenschaft das Wort redet, muß ich immer
an die maßvollen Rhythmen und Harmonien denken,
mit denen Mozart seine still leidenschaftlichen Melodien
umhüllt. Sein reines, heiter bestrickendes Wesen, das
selbst im Wirbel der Lust einen festen, leuchtenden Ruhe=
punkt nie aus den Augen verliert, besitzt Keller in ähn=
licher Weise. Und das kleine Rokoko=Zöpfchen, welches
Mozart's glücklichem Kopfe so reizend steht, fehlt
auch bei Keller nicht; der Zopf des vorigen Jahrhunderts
ist mit Recht der Lächerlichkeit anheimgefallen, das Zöpfchen
aber war ein Schmuck, dessen graziöse Schönheit erst seit
Kurzem wieder lebhaft empfunden wird.

III.

Zwischen der Abfassung der lustigen Seldwyler=
Schwänke und der Sinngedicht=Ehenovellen, die beide,
beziehungsreich und weltweit, symbolische Dichtungen sind,
liegt die Ausarbeitung des „grünen Heinrich", so wie
er uns jetzt vorliegt, und die Niederschrift der „Züricher
Novellen." Wer Gottfried Keller nur aus diesen

Werken kennt, müßte ihn für einen recht eingefleischten
Lokalpatrioten halten, weil er noch viel enger als Fritz
Reuter an seiner schönen Heimath zu hängen scheint.
In den zwei Bänden der Novellen mag ihn nichts auf
der Erde mehr angehen, als die Zürichstadt und der
Züricher See. Und im Romane gar, der seine Helden
lange genug im „Reich" umherfahren läßt, steht die
Sehnsucht nach seiner Mutter und nach der Vaterstadt
immer wie der Weg zum Endziel vor Augen. Und oft
weiß man nicht mehr, ob die Mutter und die Heimath
nicht durch ein und dasselbe Bild dargestellt werden
könnten.

Ist aber Keller sinnlich durch Sprache und
Jugenderinnerung — noch weit fester als Reuter an
die Heimath gekettet, so steht er doch geistig viel freier
da. Manches Kernwort beweist es, in den Gedichten
und in den Novellen, daß er über die Kirchthürme
hinaus zu blicken vermag, so lieb ihm auch der Ausblick
auf seinen Kirchthurm sein mag.

In dieser vorwiegend Schweizerischen Gruppe seiner
Schriften kommt der Schalk etwas seltener zu Worte.
Leiser klingeln seine melodiereichen Schellen, während
der Dichter unter der Maske eines etwas altfränkischen
Herrn seine Sachen zum besten giebt. Und völlig Maske
ist dies altfränkische Wesen denn doch wieder nicht. Ein
gut Theil einfacher Tüchtigkeit kommt da fast in der
Weise der älteren Schweizerdichter zum Vorschein. Seine
Helden sind wieder ganz sonderbare Käuze; aber der
Dichter ist zu Hause nicht in der Stimmung, mit ihnen

zu spaßen. Zürich soll nicht Seldwyla sein. Seine Züricher Gestalten sollen lachen, aber nicht ausgelacht werden. Die Seldwyler erobern sich zierliche Frauenzimmer, aber sie bleiben deren Narren ihr Lebelang; der Züricher Landvogt von Greifensee bleibt mit seinen köstlichen fünf „Bräuten" ein Junggeselle, aber er narrt die Andern. Und wenn sein Spaß am Ende etwas ungesalzen schmeckt, so leidet darunter der Werth der Novelle, nicht aber der des Mannes.

Ein Wunder der Dichtung aber ist es zu nennen, wie Keller einmal diese einfache Tüchtigkeit, indem er sich scheinbar über sie lustig macht, zur reinsten poetischen Wirkung erhebt. Wie Heinrich von Kleist den Lorbeer aus dem märkischen Sande wachsen läßt, aus der Pflichterfüllung den Heldenruhm, so hat Keller in weit schlichterer Weise mit dem „Fähnlein der sieben Aufrechten" das hohe Lied der einfältigen Bürgertugend gesungen. Es sind keine geistreichen und keine gebildeten Leute, diese sieben Handwerksmeister; die schelmische Liebesgeschichte, welche den Einschlag bildet, ist nicht von der spannenden Gattung, der Vorgang ist der alltäglichste: aber der Leser jauchzt auf vor Lust — wie Kinder des Sommers bei einem erquickenden Flußbade. Wie die sieben unweisen Meister nicht den Muth zu einer öffentlichen Rede finden, wie der verliebte Sohn des göttlichen Schneiders, der schon sonst Wunderdinge verrichtet hat, für sie sein Sprüchlein sagt, sowie ihm der Schnabel gewachsen ist, und wie nun die auf den Mund geschlagenen Meister in aller Unschuld und so aus dem Handgelenk die weisesten Regeln über die edle Rednerei vorbringen, — das wäre homerisch zu nennen, wenn Homer etwas von Ironie gewußt hätte.

Dutzende von Kellers warmen Vaterlandsworten könnten als Motti vor den Züricher Novellen stehen. Die Stimmung seines vierbändigen Romanes, seines großen, nachher umgearbeiteten, aber immer Fragment gebliebenen „grünen Heinrich" ist in einem seltsam ungelenken Gedichte enthalten, welches „Jung gewohnt, alt getan" überschrieben ist und folgendermaßen anhebt:

> Die Schenke dröhnt, und an dem langen Tisch
> Ragt Kopf an Kopf verkommener Gesellen;
> Man pfeift, man lacht; Geschrei, Fluch und Gezisch
> Ertönte an des Trunkes trüben Wellen.
> In dieser Wüste glänzt' ein weißes Brot,
> Sah man es an, so ward dem Herzen besser;
> Sie drehten eifrig draus ein schwarzes Schrot
> Und wischten dran die blinden Schenkemesser.

Doch Einem, der da mit den andern schrie, fiel ein kleiner Bissen Brot unter den Tisch. Er hob es auf. „Was, Kerl! hast du verloren?" Er versteckte es in den Falten des Rockes.

> Er sann und sah sein ehrlich Vaterhaus
> Und einer treuen Mutter häuslich Walten.

> Nach Jahren aber saß derselbe Mann
> Bei Herrn und Damen an der Tafelrunde,
> Wo Sonnenlicht das Silber überspann
> Und in gewählten Reden floh die Stunde.

Auch hier lag Brot, weiß wie der Wirtin Hand,
Wohlschmeckend in dem Dufte guter Sitten;
Er selber hielt's nun fest und mit Verstand,
Doch einem Fräulein war ein Stück entglitten.

„O lassen Sie es liegen!" sagt sie schnell;
Zu spät, schon ist er untern Tisch gefahren
Und späht und sucht, der närrische Gesell,
Wo kleine seid'ne Füße steh'n zu Paaren.

Die Herren lächeln und die Damen zieh'n
Die Sessel scheu zurück vor dem Beginnen;
Er taucht empor und legt das Brötchen hin,
Errötend hin auf das damast'ne Linnen.

„Zu artig, Herr!" dankt' ihm das schöne Kind,
Indem sie spöttisch lächelnd sich verneigte;
Er aber sagte höflich und gelind,
Indem er sich gar sittsam tief verbeugte:

„Wohl einer Frau galt meine Artigkeit,
Doch Ihnen diesmal nicht, verehrte Dame!
Es galt der Mutter, die vor langer Zeit
Entschlafen ist in Leid und bitt'rem Grame."

Es hieße prosaisch werden, wie ein Catalog der Goethe-Litteratur, wollte ich die geistige Verwandschaft zwischen diesen Versen und dem „grünen Heinrich" im Einzelnen nachweisen. Niemals ist Pietät bärbeißiger zum Ausdruck gekommen; und Pietät hat den fast autobiographischen Roman geschrieben.

In seinen Bekenntnissen hat Rousseau erzählt, wie die Zeitgenossen sich an ihm versündigten, der freilich selbst kein Engel war; in „Dichtung und Wahrheit" hat

Goethe nachgewiesen, wie seine Mutter und seine Zeit ihn förderten, der selbst die Blüte des Jahrhunderts war; Gottfried Keller nimmt von Goethe die psychologische Schärfe und liebevolle Dankbarkeit, er nimmt von Rousseau die Selbstanklage und schreibt ohne Cynismus die Geschichte des verlorenen Sohnes.

Der wundersame Roman liegt längst in den vier Bänden seiner neuen Ausgabe vor. Es ist kaum zu hoffen, daß unser Publikum, so weite Kreise auch die Bedeutung seines Dichters anerkannt haben, mit derselben Gier nach dem „grünen Heinrich" greifen wird, wie nach den Werken unserer sonst berühmten Romanciers; auf die mühelose Unterhaltung, den aufregenden Zeitvertreib, den leichten Sinnenkitzel verstehen sich Andere weit besser, die die geistreichen Bilder ihrer arbeitsamen Phantasie für die müßigen Stunden ihrer Mitmenschen herborgen. Gottfried Keller hat den Roman nicht zu solchem Zeitvertreib geschrieben. Er hat mit seinem „grünen Heinrich" den Deutschen kein geringeres Geschenk gemacht als sich selbst, d. h. die Summe des Lebens eines nachdenklichen Menschen.

Meine eingestandene Verehrung für diesen Autor und sein neues altes Buch macht mich nicht blind für die großen Kompositionsfehler desselben. Der „grüne" Heinrich (es ist sein Spitzname aus der Jugendzeit, wegen seiner grünen Kleidung, deutet aber auf die Unfertigkeit, Blödigkeit und Einfältigkeit seiner Lehrjahre hin; „Heinrich" heißt übrigens, wie wir aus dem „Landvogt" erfahren, jeder zweite Züricher) erzählt seine

Geschichte, wie er auszog, ein großer Maler zu werden, wie er nach mancherlei Schicksalen und Mißerfolgen die Kunst an den Nagel hängt, wie er betrübt heimkehrt und nach Opferung seines falschen Idealismus, seiner Unschuld, seines Hochmuths und seines Gottesglaubens den Frieden findet im öffentlichen Dienste des Vaterlandes. Ich will nicht untersuchen, in wie weit es zu tadeln ist, daß Keller über die Beziehungen seiner eigenen Biographie zu den Abenteuern seines Helden einen Schleier breitet. Das Buch hätte an stofflichem Reiz unendlich gewonnen, wenn der Dichter frisch erklärt hätte: das ist mein eigenes Leben, das waren meine eigenen Verirrungen. Ebenso hätte er viele Leser sich verpflichtet, wenn er die Stadt, den Philosophen und Aehnliches bei Namen gerufen hätte, anstatt vornehme Räthsel aufzugeben. Doch der größere Reiz des Stofflichen wäre vielleicht nur auf Kosten des innern Reichthums zu erkaufen gewesen; denn natürlich hätte der Dichter sein Werk von Anfang an anders aufgebaut, wenn er die Absicht hätte haben können, Dichtung und Wahrheit aus seinem Leben aufzuzeichnen. Auch ist die Vermuthung, Keller habe eigene Erlebnisse zum Besten gegeben, gewiß nicht so gemeint, als ob wir nun ein Recht hätten, dem Erlebten und dem Erfundenen nachzuspüren und dem offenherzigen Dichter nachzuspioniren. Der Eindruck ist nur ein so persönlicher, die Uebereinstimmung mit der bekannten Entwickelung des Verfassers stellenweise eine so große, daß der plötzliche Rückfall in das Romanhafte wie ein Stilfehler erscheint.

Zuversichtlicher kann das Bedenken gegen einzelne schleppende Kapitel ausgesprochen werden, welche aus der ersten Ausgabe stehen geblieben sind, weil der Autor seiner Jugendarbeit nicht ohne Vorliebe gegenüberstand. So findet sich manches Tagebuchblatt, manche Niederschrift über fremde Angelegenheiten, manche unklare Träumerei zum Schaden der Einheit erhalten. Der Literaturhistoriker freilich wird auch diese wenigen minderwerthigen Partien nicht missen wollen; geben sie doch noch ironischer als die Bekenntnisse selbst ein Bild des ehemaligen Keller.

Was aber dem Buche einen so hohen Werth verleiht, daß es trotz aller künstlerischer Bedenken nur mit klassischen Werken verglichen werden kann, das ist der tiefe, stets am Lebendigen sich emporrankende Gedankengehalt, das ist der milde, menschliche Ausdruck unserer Weltanschauung, der hier ohne Rückhalt und gleichzeitig ohne Kampfeslust bedächtig niedergelegt ist. Unsere ganze Literatur strebt ja glücklicher Weise demselben Ziele entgegen: den Dualismus von Engel und Teufel, der seit Jahrtausenden unsere Phantasie gemeistert hat, zu überwinden und den irrenden Menschen menschlich darzustellen. Ein solches Bild der eigenen innersten Entwickelung kann auch der größte Meister nur einmal bieten; schon deshalb mußten Wilhelm Meisters „Wanderjahre" blaß ausfallen, weil Goethe die saftigsten Farben in „Dichtung und Wahrheit" aufgebraucht hatte. Keller hat in seinem Erstlingswerke glücklich genug den verwegenen Gedanken ausgeführt, die beiden Aufgaben zu verbinden. Wohl mußte Goethe mit seinem ganzen Wesen, mit seiner Selbstbiographie und mit seinem „Wilhelm Meister", voraus kommen, damit der späte Enkel ihm zu folgen vermochte: das Verdienst des Enkels bleibt darum kein geringeres, auch er konnte das Erbe nicht ohne eigene Arbeit antreten.

Der „Grüne Heinrich" ist so sehr ein Buch der Bekenntniße und so wenig ein Leihbibliotheks-Roman, daß die Frage nach der Aenderung des Schlußes recht nebensächlich erscheint. In der ersten Fassung endet der Held romantisch wie eine anatomisch unmögliche, geschlechtslose Figur Böcklins mit einer Fahrt nach der cypressenbedeckten Todteninsel; fünfundzwanzig Jahre später sieht der Dichter ein, daß so ein grüner Heinrich, wenn er heimgekehrt ist und manche Gräber zu besuchen hat, deshalb sich nicht gleich selbst im Friedhofe betten zu lassen braucht. Und hat er die Mutter und die Heimath vergessen, so müht er sich fortan, im Gedränge sein Krümchen weißen Brotes aufzuheben. Das Buch ist keine Novelle, die auf den Ausgang zugespitzt ist; es ist ein ehrlicher Bericht und das Schlußwort fügt der Erzähler je nach seiner Stimmung hoffnungsvoll oder todesmatt hinzu.

IV.

Als Gottfried Keller im Jahre 1856 seinen „Grünen Heinrich" zum ersten Male herausgab, kümmerte sich — wie man zu sagen pflegt — keine Katze darum. Als anno 1880 dasselbe Buch in der neuen Bearbeitung erschien, besaß der Dichter schon eine stattliche Gemeinde, welche die vergessene Arbeit liebevoll aufnahm und auch fern Stehende zwang, wenigstens nach dem ersten der vier Bände zu greifen.

Inzwischen ist der Ruf Gottfried Kellers so schnell gewachsen, daß die klügsten Redacteure, wenn sie ihn auch selbst nicht verstehen, seine Novellen für ihre Blätter verlangen, und daß die populärsten Dichter, wenn sie ihm auch sein Geheimniß abzulauschen suchen, öffentlich von Ueberschätzung sprechen. Solange die Verehrer Gottfried Keller's einander beinahe zählen konnten, solange standen diese Leute seinen Dichtungen gleichgültig gegenüber. Jetzt sind ihm mit Recht dazu noch zahlreichere Gegner erwachsen aus vielen harmlosen Leuten, welche jede Lobpreisung Keller's als eine persönliche Beleidigung betrachten müssen.

Es ist etwas daran. Wenn man Keller einen großen Dichter nennt und der Herr Philister dennoch keine zehn Seiten mit wahrem Vergnügen lesen kann, so ist von zwei Dingen nur eins möglich: entweder sind die dreisten Bewunderer Keller's Schelme oder der Herr Philister ist ein beschränkter Kopf. Es kann nicht zweifelhaft sein, welche dieser Alternativen den Sieg davonträgt. Die Auerbach und Scherer, welche zuerst den Namen Keller hinausgerufen haben, sind die beschränkten Köpfe, wenn man sie schon als ehrliche Leute will gelten lassen, und die Herren Philister sind wieder einmal die Wächter des guten Geschmacks gewesen, nämlich ihres eigenen.

Diese Gegner Keller's, welche unser Entzücken oft wirklich nicht begreifen können, sind mit dem neuesten Werke des gefährlichen Menschen unbekannterweise recht zufrieden gewesen. Eine unschickliche Zeitschriften-Veröffentlichung in ungleichen Stücken, nach ungleichen Zwischenräumen, hatte den Ruf des Romans „Martin Salander" arg gefährdet. Die zahlreichen Damen und Herren, welche für Keller gegen ihre schlechtere Ueberzeugung nur schwärmten, weil sie die neue Mode früher als andere tragen wollten, schüttelten ihre Köpfe und fanden in dem Buche keine Spannung. Es kann den Herrschaften aber nicht erspart werden, sie werden das neue Werk doch noch aufmerksam lesen und darüber in Gesellschaft sprechen müssen; denn „Martin Salander" ist doch wieder ein echter Keller und wird sich schließlich als das wahre „Ereigniß der Saison" herausstellen, wenn das Dutzend anderer Buchereignisse der Saison ihre kurze Laufbahn vollendet haben werden.

Ich gehe freilich nicht so weit, das Kopfschütteln weiter Kreise mit der ungeschickten ersten Veröffentlichung allein oder gar mit einer böswilligen Verabredung erklären zu wollen. Gottfried Keller braucht nicht geschont zu werden. Zu den vielen Aehnlichkeiten zwischen ihm und Goethe gehört auch eine gewisse Lässigkeit, um nicht zu sagen: Fahrlässigkeit des Aufbaues in Werken von langem Athem. Selbst die fast fragmentarische Form der ersten Veröffentlichung erinnert an die redaktionellen Sitten des achtzehnten Jahrhunderts, wo unsere größten Dichter den Druck mitunter beginnen ließen, nicht weil fie mit der Arbeit fertig waren, sondern um fertig zu werden. Nun, ganz so schlimm wie um die Komposition von Wilhelm Meister steht es um die Geschichte Martin Salander's nicht. Der Dichter hat nicht geradezu den Namen und das Alter seiner Helden vergessen, aber er giebt doch für die Entwicklung der Handlung indirekte Versprechungen, die dann nicht eingehalten werden. Auch sind die beiden großen Theile des Romans selbst wirklich nicht scharf genug auseinander gehalten.

Vollendete Kunstwerke von der runden Einheit der „Drei gerechten Kammmacher", von „Romeo und Julie auf dem Dorfe" und „Fähnlein der sieben Aufrechten" gelingen Keller nur bei geringem Umfange. Seine Romane sind nicht so aus einem Gusse; der erste Genuß ist ein geringerer, die Freude beim zweiten Lesen eine um so größere.

Martin Salander's Kampf um den Wohlstand seines schweizerischen Bürgerhauses, der im wesentlichen ein Kampf gegen seine eigene Schwachsichtigkeit und ideologische Thorheit ist, füllt behaglich den ersten Theil. Die vorzügliche Schilderung seiner Kinder und deren Gespielen, die unvergleichliche Zeichnung seiner guten, klugen herrlichen Marienfrau geben dieser ersten Hälfte reiches und schönes Leben, aber der eigenartige und eigensinnige Charakter des Helden weist auf eine Klärung in größeren Kämpfen hin, die der zweite Theil uns bieten soll. Man sieht voraus, wie die edle Thorheit Salander's sein Haus zum zweiten Male zu Grunde richten wird, wie die überlegene Frau den herangewachsenen Sohn aus der

Fremde zu Hilfe ruft, und wie in diesem ein neues
Geschlecht von klugen und guten ironischen Realisten,
wie die Söhne der Marienfrau den Romantiker Salander
aus der Sackgasse herausreißen. Was die zweite Hälfte
des Romans nun wirklich bringt, ist ja weit mehr, als
was wir fordern; nur was wir erwarten müssen, bringt
sie nicht. Auf voller Keller'scher Höhe steht die große
Novelle der beiden Salander=Mädchen und ihrer tragi=
komischen Ehe mit den Zwillingen. Einen gewaltigeren
Humor, als in dem Ende des Brüderpaares, das sich
nur durch ein Ohrläppchen unterscheidet und doch zu
zwei selbstständigen Variationen desselben Lebenslaufes
Stoff giebt, hat selbst Keller kaum bewiesen. Und wie
ergötzlich ist die letzte Salanderiade Martin's, seine kleine
Liebschaft mit der blödsinnigen Ungarin. Aber so gut
das alles an frühere Züge angeknüpft ist, es erscheint
doch zu selbstständig. Die Bethätigung Salander's am
öffentlichen Leben ist zwar mit der Novelle seiner Tochter
eng genug verwebt, aber hier stört eine andere Absicht
Keller's, die auch wieder auf Goethe'sche Spuren zurück=
geht, und zwar nicht nur so im Allgemeinen, wie es
bereits hervorgehoben worden ist.

Freilich hat Goethe sich erst im Alter gewöhnt,
seinen vollendeten Realismus zu Gunsten eines ewigen
Symbolisirens und Abstrahirens zu unterdrücken. Bei
Keller scheint diese Neigung ganz unabhängig von den
Jahren ein Theil seines Kunstprincips zu sein. Schon
im „Grünen Heinrich" schildert er z. B. das Münchener
Leben mit sicheren realistischen Strichen, hüllt sich aber

sofort in mystischen Nebel, sowie die inneren Erlebnisse seines Helden über das Nahe und Poetische hinauswachsen und in dem allgemeinen Strome der Zeitgeschichte mitgehen. Jetzt ist ihm, ein Menschenalter später, in seinem zweiten Roman genau dasselbe passirt. Seine realistische Kraft ist nicht erlahmt; die Mutter der Zwillinge z. B. ist mit einer derben Lust gezeichnet, wie sie der Dichter des „Grünen Heinrich" (der Dichter der ersten Ausgabe) noch gar nicht besaß. Aber den Hintergrund aller einzelnen Salanderiaden bildet die politische Entwickelung, die langsame Reife des Schweizervolkes; und hier scheint mir Keller es versehen zu haben, daß er die politischen Verhältnisse immer nur mit weiten Allgemeinheiten andeutet, anstatt uns einen richtigen Schweizerroman mit allen Lokaltönen zu schenken. Sein Realismus wollte vielleicht wieder nur vor dem Unpoetischen Halt machen; doch Keller ist der Mann, auch politische Kämpfe dichterisch zu zwingen, und sein Buch wäre auch als Schweizerroman eine vollgültige deutsche Dichtung geblieben.

Und welch eine Dichtung! Nachdem ich meine Bedenken mir schwer von der Seele geschrieben habe, möchte ich am liebsten das halbe Buch abschreiben, um den Leser am sichersten zur Bewunderung für Keller fortzureißen. Diese unverminderte Kraft der Sprache, welche für ganz neue, ganz Kellerische Stimmungen die guten alten Worte zu verwenden weiß, diese Weisheit, deren Mangel manchen Modedichter so lächerlich macht, und deren Vorwalten bei Keller immer poetisch bleibt, weil sie natürlich ist, dieser Reichthum an Charakteren, an lebendigen Menschen, denen Keller bis auf den Grund ihrer Persönlichkeit sieht, ohne darum die Bösen zur Hölle, die Guten zum Himmel zu verdammen, — und endlich dieser Humor, der von den besten Romantikern die Ironie, von Shakespeare die unbändige Lustigkeit, und von — nun eben von Keller die Phantastik genommen hat. Auf diesen Humor paßt nicht mehr das uralte Bild, daß er die lachende Thräne im Wappen führe; nicht Heinrich Heine, sondern Gottfried Keller hat die ironische Sentimentalität der Romantiker überwunden, darum ist nicht Heine, sondern erst Keller der Dichter, der uns endgültig von den Gespenstern der Romantik erlöst hat.

Aus der Fülle des Schönen sei nur die einzige Gestalt besonders hervorgehoben, das Weib des Helden, die Marienfrau, deren gesunder Liebreiz und milde Schalkhaftigkeit den Vergleich mit jeder Frauengestalt jedes Künstlers aushält. „Um die Lippen regte es sich leise wie das feinste Lustspiel, das je in einem Frauengesichte ausgeführt wurde." So erscheint sie dem Dichter selbst, da sie alt geworden ist. Ich möchte nicht gerne überschwänglich werden in ihrem Lobe; aber eine Empfindung drängt sich auf und will zu Worte kommen: das konnte sogar Goethe nicht, das ist ein neuer Zauber, dessen Wunder dem Zeitalter Goethe's noch unbekannt waren.

Dieses Neue, dieser Sieg über die Romantik liegt in einer ganz Keller'schen Art, die todte, negative Ironie der Schlegel und Tieck lebendig und dadurch selber poetisch zu machen.

Das Wort Ironie ist in diesen Zeilen schon oft vorgekommen; es hat in dem Verlauf der Zeiten oft seine Bedeutung gewechselt. Die Mythenbildung schreibt seine Erfindung dem Sokrates zu; er mag sie unbewußt geliebt haben, denn ironische Züge der feinsten Art finden sich häufiger in den ihm später auferfundenen Anekdoten, als in den echten Schriften seiner Schüler. Wie dem auch sei: ihm war Ironie eine Form des Gespräches, des geistigen Kampfes. Die Romantiker erst haben daraus eine scheußliche literarische Mode gemacht, die sie selbst als „stete Selbstparodie" erkannten. Keller steht nicht an, auch diese Form mitunter anzuwenden; aber das sind Rückfälle in die alte Heine'sche Manier und eigentlich nur da zu finden, wo er in historischen Novellen ohnehin eine fremde litterarische Maske vorgesteckt hat.

Die alte Sokratische Ironie spielt nicht mit dem Gegenstande, sondern mit dem Schüler, den sie belehren soll und der ein Bischen zu dumm ist. Diese Ironie taucht immer wieder auf, wo ein überlegener Geist lehrhaft einen Gegenstand behandelt, den er so allwissend beherrscht, daß ihm nicht einmal die Fragen des Schülers genügen. So ironisch spricht Goethe in „Dichtung und Wahrheit", wenn er die gefeierten Dichter seiner Knabenzeit behandelt.

Poetisch wird diese echte Ironie erst bei Keller. Die Ironie gewinnt lebendige Gestalt in einem einfachen Menschen, der dem Helden überlegen ist. Dadurch, daß der Ironiker ein schlichter, beschränkter Mensch bleibt, wird die ganze Dichtung, ohne Schaden zu leiden, wie von dem Roth eines neuen Sonnenaufgangs übergossen, während z. B. der geistreiche Raisonneur der neueren französischen Bühne mit allem Witz nur verstandesgemäß außerhalb der Dichtung stehen bleibt.

Und diese Stimmung der Ueberlegenheit hat noch einen anderen poetischen Werth, wenn sie sich erst durch eine der Gestalten dem Leser mitgetheilt hat: sie giebt dem Vortrage des Dichters allmählich eine persönliche Färbung und ersetzt so fast die mündliche Mittheilung, das Singen und Sagen, das doch der Anfang und das Ende aller Erzählungskunst sein sollte.

Nicht für alle Stoffe und Helden mag sich diese ironische Behandlung eignen. Aber die Keller'schen Geschichten vertragen dieses feinste aller Gewürze. Und um zu Goethe zurückzukehren: wäre „Werther's Leiden" nicht noch unsterblicher, wenn der Dichter bei aller Kunst der Seelenmalerei doch dem Helden überlegen gegenüber gestanden hätte? Oder hätte ihm dann die Darstellung der Leidenschaft nicht so gelingen können? Läßt das Wort Lessing's über den Werther vielleicht ahnen, daß der Kritiker etwas Ironie vermißt?

Ich schließe mit diesen Fragezeichen, um nicht durch Bejahungen den Ruf von der Ueberschätzung des Schweizers herauszufordern.

So darf jeder Verehrer Keller's und gewiß auch die gleichgültige Lesewelt in dem neuen groß angelegten Romane einzelne Mängel bedauern und rügen, man mag getrost über die Schwerfälligkeit einzelner Theile klagen:

wer aber trotzdem nicht mit ehrlicher Freude die Dichtung sich zu eigen macht, der bekennt sich wider Willen dazu, ein Leser zweiter Klasse zu sein.

V.

Wenn Naivität nichts weiter bedeutet, als die unschuldigste Kindlichkeit und Unbefangenheit der Weltanschauung, so ist Keller trotz aller Schalkheit ein naiver Dichter; wenn damit aber gesagt werden soll, daß er unbewußt schaffe, so ist niemand weniger naiv als er. Aus seinen gelegentlichen Aeußerungen über Kunstfragen ließe sich eine ganze Aesthetik — seiner selbst zusammenstellen. Auch seine Lieblinge, welche ja am stärksten auf ihn wirken mußten, nennt er in der nie oft genug zu lesenden Novelle, in welcher er das Motiv des realistischen Dichters, der beim Modellsuchen jämmerlich verunglückt, viel früher, tiefer und lustiger gefaßt hat, als es jetzt alltäglich geschieht. „Die mißbrauchten Liebesbriefe" erzählen uns von dem Esel und Dilettanten Viggi Störteler, der mit Kellnern und dergl. eine neue Blütezeit des Schriftthums erwecken will, während „einige alte Stammgäste" Keller's persönlichen Geschmack zu Ehren bringen.

„Die würdigen alten Herren mit weißen Haaren führten ein gemächliches Gespräch über allerlei Schreiberei, sprachen von Cervantes, von Rabelais, Sterne und Jean Paul, sowie von Goethe und Tieck, und priesen den Reiz, welchen das Verfolgen der Compositionsgeheimnisse und des Stiles gewähre, ohne daß die Freude an dem Vorgetragenen selbst beeinträchtigt werde."

Fast aus jedem Worte dieses Satzes ließe sich ein Aufschluß über Kellers Kunstübung schöpfen. Wie er „Schreiberei" anstatt „Literatur" sagt und durch die glückliche Vermeidung des Fremdwortes den Gedanken zugleich gemüthlicher und charakteristischer ausdrückt, wie er einer wissenschaftlichen Zergliederung der Dichtungen nicht unfreundlich gegenüber steht, so lange die Freude am Ganzen durch philologische Einzelheiten nicht getrübt wird, wie er Schweizer genug ist, die Beschäftigung mit allerlei Schreiberei zwar als hübsche Ausfüllung der Mußestunden zu schildern, aber doch im Tone einige Geringschätzung merken zu lassen, — das und manches Andere ließe sich anknüpfen. Am wichtigsten jedoch sind die Namen, die er anführt. Voran natürlich den Größten unter den Großen: Cervantes; die ironische Ueberlegenheit über den Weltlauf und die grausame Verhöhnung seines eigenen lieben Helden hat seit dem Spanier Niemand wieder besessen, als Gottfried Keller. Dann kommt Rabelais an die Reihe; Keller ist ihm nicht durch Unfläthigkeit, wohl aber durch seine urlustige Derbheit verwandt, so wenn die tragische Schuld des Jünglings einmal in dem grundlosen Verweilen an einem sonst kaum poesiefähigen, wenn auch nützlichen und bequemen Orte besteht; so wenn ein andrer Held, in bittere Thränen ausbrechend, der unwürdigen Heißgeliebten mit den lapidaren Worten seine Meinung sagt: „O Fräulein! Sie sind ja der größte Esel, den ich je gesehen habe!" (In diesem letzten Zuge liegt aber mit etwas germanisch Treuherziges, das dem Südfranzosen fehlt, ebenso seinem

Nachfolger Balzac, an dessen Contes drolatiques Keller sonst auch im leicht archaisirenden Tone erinnert.) Auf Rabelais folgen Sterne und Jean Paul; beide müssen für den jungen Keller begeisternde Dichter gewesen sein, denn beider Spuren lassen sich in der ersten Zeit sowohl an thränenweidenartigen Menschen als an menschlich fühlenden Landschaften verfolgen.

Nach den Prosaikern, den Vertretern des Humors, dem Keller treu geblieben ist, und der Sentimentalität, die er gottlob verlassen hat, kommen nun, durch ein „sowie" getrennt, die eigentlichen Dichter, die Versedichter: Goethe und Tieck. Es ist schon gesagt worden, daß Gottfried Keller die mondbeglänzte Zaubernacht des einen so gut wie die sonnige Klarheit des andern zu schätzen weiß, daß anschaulich gewordene Phantastik sein Wesen bestimmt. Nirgends aber ist die üppige Fülle, die aus dieser Verbindung quillt, so groß wie in dem stattlichen Bande seiner „Gesammelten Gedichte" und darum wird er vielleicht die Verse-Scheu des Publikums überwinden und den schwerer zugänglichen Schriften neu gewonnene Kreise von Lesern zuführen.

Nicht als ob Keller hier seine trotzige Eigenart, welche die Annäherung für Viele so erschwert, verloren hätte; im Gegentheil, eigenthümlicher als je tritt uns mit seiner spöttischen Grazie, mit seiner erlösenden Grobheit, mit seiner gemüthlichen Pfiffigkeit, mit seinem kerngesunden Lachen der leibhaftige Staatsschreiber von Zürich entgegen. Aber der Reichthum dieses Buches ist ein so überquellender, daß für einen Jeden etwas abfällt, mag er nun von der Poesie Gedanken, Witz, Wohllaut, Erfindung, oder — Poesie verlangen. Auch nur einen Katalog all dieser Schätze anzufertigen, erfordert Raum; denn Keller schafft, was immer unter den Rubriken der Poetik zu finden ist. Er schreibt episch-lyrische Gedichte („Die Winzerin", „Frau Rösel", „Der Taugenichts", „Waldfrevel"), welche bis auf eine gewisse schwere Gewichtigkeit fast ohne den beliebten Abstand dicht hinter Goethe stehen dürften, er ringt in einer großartigen Parodie („Der Apotheker von Chamounir") mit Heine um die Meisterschaft des kecken Witzes, er weiß Stimmungen in lebendige Gestalten zu verwandeln („Poetentod", Schlafwandel), wie's vor ihm nur der zum Alemannen naturalisirte Lenau vermochte, er speist mit Gespenstern zu Nacht („Lebendig begraben"), fröhlicher als Justinus Kerner, wo möglich sinniger als Fr. Th. Vischer, er schmiedet geharnischte Sonette, wie Platen tändelt er mit Ghaselen,

(Berge dein Haupt, wenn ein König vorbeigeht,
Tief an der Brust des Geliebten, der frei steht;
Aber dem Betteljung' laß es erglänzen,
Welchen das Elend des Lebens vorbeiweht!)

singt Sauflieder wie Scheffel, er brummt seine Epigramme ebenso mürrisch-witzig wie Grillparzer:

(Wenn schlechte Leute zanken, riecht's übel um sie her;
Doch wenn sie sich versöhnen, so stinkt es noch viel mehr!)

Bei alledem wäre er nur ein geschickter Tausendkünstler und nicht ein Poet von Gottes Gnaden, reimte er daneben nicht auch, wie es eben nur Gottfried Keller kann, und flösse nicht selbst in den Schöpfungen, die sich historisch und künstlerisch mit schon dagewesenen vergleichen lassen, das warme Keller'sche Blut.

Nun wäre es freilich die gelehrte Aufgabe des Kritikers, einen solchen Keller'schen Blutstropfen zu analysiren und so den Genuß auf seine Elemente zurückzuführen. Eine edle Aufgabe, welche die gestrenge Literaturgeschichte dereinst zu lösen haben wird, wenn Gottfried Keller wirklich, wie wir Sektirer glauben, in unserem Schriftthum wird Epoche gemacht haben. Einstweilen, so lange der alte Herr in seinem schönen Zürich zur Freude der deutschen Welt mit der Sonne Grüße tauscht, wollen wir ihn in Ruhe lassen, uns seiner möglichst unwissenschaftlich freuen und von den Bestandtheilen seines Geistes nur denjenigen noch einmal gesondert beachten, dessen er selber sich klar bewußt ist.

Er weiß, daß er uns mit einem ganz, oder beinahe ganz neuen Humor beschenkt hat. Er hat uns gelehrt, in allen Ehren wieder so toll und so herzlich zu lachen, wie die besten Leute im fünfzehnten und sechzehnten Jahrhundert zu lachen verstanden, als die Shakespeare, die Cervantes, die Macchiavelli, die Rabelais lebten, und auch Luther kein Spaßverderber war. Wie war das inzwischen anders geworden! Mit der gemüthvollen Lustigkeit schien die Sentimentalität untrennbar verbunden. Wir hatten die Erfindung im vorigen Jahrhundert aus England erhalten, für Sterne wurde wohl um ihretwillen bis zu Keller's Jugendzeit geschwärmt, Jean Paul hatte sie praktisch und theoretisch fortentwickelt und noch bei Fritz Reuter entzückt sie uns in immer neuen Formen. Da ertönt auf einmal das Lachen Kellers; er kann übermüthig, er kann schadenfroh oder ingrimmig lachen, aber das rührselige Lachen ist vergessen. Man sollte darum für ihn das technische Wort Humor gar nicht mehr anwenden, sondern nur von seinem Uebermuthe sprechen, den er zum Range einer ästhetischen Macht erhoben hat.

Für den Mangel jeglicher Sentimentalität werden wenige Proben genügen. Wie er eine falsche Schöne von ihrem beleidigten Liebhaber ganz munter aufhängen läßt, und damit zarte Gemüther gröblich verletzt, so giebt er in dem Gedichte „Ehescheidung" eine kurze Geschichte zum Besten, in welcher ein Pfäfflein den Scheidungslustigen zuerst zur Antwort giebt:

> Wir haben alle Drei gelobt,
> Euch trenne nur der Tod! —

sodann aber durch Verabreichung einiger Dollars andern Sinnes wird.

> Da that der Pfäffel zwischen sie
> Ein Kätzlein heil und ganz;
> Der Mann, der hielt es bei dem Kopf,
> Die Frau hielt es am Schwanz.
> Mit seinem Küchenmesser schnitt
> Der Pfarr' die Katz' entzwei.
> „Es trennt, es trennt, es trennt der Tod!"
> Da waren sie wieder frei.

Und Keller weiß sehr gut, daß dieser Einfall für den Modegeschmack zu stark ist, denn er fügt dem Titel schalkhaft das Wort „Amerikanisch" hinzu. In dem schaurigen Gedichte „Feuer-Idylle" schildert er die Leute, welche an die Brandstätte laufen, und wagt es, mit folgenden Zeilen aus der Rolle zu fallen:

> Und manchem ehrlichen Philister bangt,
> Es könnte enden, eh' er angelangt;
> Auch der Poet, er watschelt mit hinaus
> Und sendet seinen Kennerblick voraus.

Nirgends aber vielleicht ist sein Uebermuth sieghafter, als in dem tollen Stück: „Lebendig begraben". Wo der Maler Wiertz, wo der Dichter Victor Hugo ihr Gesicht bis zum Wahnsinn verzerren würden, da kann Keller noch lächeln. Ich will das grotesk-schöne Gedicht damit nicht als ein Muster hinstellen; aber für die Allmacht des Keller'schen Übermuthes ist es bezeichnend. Der Dichter wagt es, uns zu einem Scheintodten zu führen, der begraben wird, aufwacht, denkt, lacht und — stirbt.

> Da hab' ich gar die Rose aufgegessen,
> Die sie mir in die starre Hand gegeben!
> Daß ich noch einmal würde Rosen essen,
> Hätt' nimmer ich geglaubt in meinem Leben!
> Ich möcht' nur wissen, ob es eine rote,
> Ob eine weiße Rose das gewesen?
> Gib täglich uns, o Herr! von deinem Brote,
> Und wenn du willst, erlös' uns von dem Bösen!

Ein Kerl mit solcher Phantasie darf in solcher Lage auch ganz realistisch die Hoffnung hegen, eine Hyäne werde hungrig herbeischleichen und ihn ausgraben.

> Wie wollt' ich freudig mit dem gier'gen Tier
> Dann um mein Leben, unermüdlich, ringen!
> Im Sande balgt' ich mich herum mit ihr,
> Und weiß gewiß, ich würde sie bezwingen.

> Und auf den Rücken schwäng' die Bestie ich.
> Und spräng im Leichentuch, wie neugeboren,
> Und singend heimwärts und schlüg' wonniglich
> Dem Arzt den Leichengräber um die Ohren!

Das sind Proben aus den Gedanken des lebendig Begrabenen; er hat nicht renommirt, als er sich nach dem fürchterlichen Erwachen zurief:

> So öffnet euch, krampfhaft geballte Fäuste,
> Und faltet euch ergeben auf der Brust!
> Wenn zehnfach mir die Qual die Brust umkreis'te,
> Fest will ich bleiben und mir selbst bewußt!
> Von Erdenbuldern ein verlorner Posten,
> Will ich hier streiten an der Hölle Thor;
> Den herbsten Kelch des Leidens will ich kosten,
> Halt' mir das Glas, o Seelentrost Humor.

Sein dichterisches Programm aber stellt Keller auf in den letzten Versen von „Poetentod". Eine Geister=
schaar verläßt das Lager des Entschlafenen:

> Voran, gesenkten Blicks, das Leid der Erde,
> Verschlungen mit der Freude Traumgestalt,
> Die Phantasie und endlich ihr Gefährte,
> Der Witz, mit leerem Becher still und kalt.

Leid und Freud der Erde mit gesteigerter Empfind=
lichkeit zu kosten, das ist Gemeingut aller Dichter. Phantasie und Witz stehen Keller in seltenem Maße zu Gebote. Doch was er für seine Getreuen ist, das wäre er nicht ohne die tiefe Weisheit, die sein Wort in Scherz und Ernst immer beziehungsreich, immer bedeutend werden läßt. Nur selten verführt ihn seine bilderreiche Sprache dazu, eine Allegorie zu weit auszudehnen. Fast immer bleibt er scheinbar harmlos bei einer an sich

erzählenswerthen sicht- und greifbaren Thatsache stehen, bis endlich das Schlußwort das Symbolische der ganzen Erfindung aufdeckt und nun beim zweiten Lesen die lustige Geschichte durch ein neues Licht vergeistigt wird. Die meisten Keller'schen Gedichte soll man darum zum vollen Genusse zweimal lesen, und viele mag man, wie nur die Schöpfungen der Klassiker, unsere Kinder auswendig lernen lassen.

In dem starken Bande von 500 Seiten sind die matten Gedichte an den Fingern zu zählen; und selbst diese wenigen möchten wir nicht alle missen, weil sie häufig eine Beziehung zu des Dichters Geistesentwicklung haben, die keinem „Kellerianer" gleichgiltig sein kann. Auch die wenigen Absonderlichkeiten der Sprache (abgesehen von vortrefflichen schweizerischen Dialektworten) gehören untrennbar zum Gesammtbilde.

Es hat mir nachher schon Mancher gedankt, dem ich mündlich „die Leute von Seldwyla" zum Lesen empfohlen hatte; ich weiß, auch diese Seiten werden dem Keller wieder einige Getreue zuführen. Und so darf ich schließen, damit die Würdigung sich nicht vor den Dichter dränge.

> Werft jenen Wust verblichner Schrift ins Feuer,
> Der Staub der Werkstatt mag zu Grunde gehn!
> Im Reich der Kunst, wo Raum und Licht so theuer,
> Soll nicht der Schutt dem Werk im Wege stehn.

Friedrich Theodor Vischer.

I.

Der berühmte Verfasser der „Aesthetik" war 70 Jahre alt geworden und die Oeffentlichkeit wußte immer noch nicht, daß er ein ganzer Dichter sei. Nur wenige Eingeweihte erfuhren, daß dieser merkwürdige Mann es war, der sich bald hinter dem boshaften „Mystifizinsky", bald hinter dem gemüthlichen „Schartenmayer" verbarg; und nicht gar viele waren es auch, welche einen Dichter in dem gelehrten Aufbauer der „Aesthetik" witterten.

Zwar hätte die Sprache des Buches Bedenken erregen sollen. Sein Meister Hegel, der doch über einen bedeutenden Witz gebot, blieb unlesbar, weil er die deutsche Sprache wie ein fremdes Gebiet mißhandelte und eine sinnfällige Ausdrucksweise nicht kannte; Vischer dagegen besaß von Anfang an Sprachkraft und Bilderpracht wie kaum Einer unter den deutschen Philosophen.

Und wie in der Darstellung so verrieth sich der schöpferische Geist selbst in der scheinbar so starren Dogmatik des Lehrbuchs; während der unfruchtbare

Aesthetiker den Erscheinungen nachhinkt und erst gackert, wenn eine andere Henne das Ei schon gelegt hat, lassen sich aus Vischer's vierzig Jahre altem Buche Urtheile über die allerneuste Bewegung schöpfen. Ueberall durchbricht er sein System mit Einfällen voll blühenden Lebens. Und gar in der Selbstkritik von 1866 tritt der damals schon alte Herr wie ein Junger auf den Plan und deutet sein Hauptwerk selbst im modernen Sinne aus. „Mein System arbeitet so streng auf eine Kunst hin, die nur aus dem wahrhaft Wirklichen, aus dem Quell der Natur, aus dem echten Lebensgehalte schöpft, daß es der thätigen Erfindung beinahe keinen Raum zu lassen scheint . . . Das Tiefere, die prinzipielle Ableitung, Begründung der Wissenschaft des Schönen muß sich schon auf diesem ersten Schritt (der Berufung auf das Bewußtsein des ästhetischen Genusses) sofort finden und es ist daher kein Grund, sich vor einem so schlichten, empirischen Anfang zu scheuen."

Mit solchen Gesinnungen konnte Vischer schon als Theoretiker dem Schaffen der Gegenwart nicht fremd gegenüber stehen; wird man doch durch manches Wort schon an das letzte unvollendete Werk Wilhelm Scherer's, an seinen Versuch einer beinahe naturwissenschaftlichen Poetik erinnert.

Noch enger verbunden sind in Vischers grundlegenden Aeußerungen über das Komische Lehre und Uebung. Er kann auch wissenschaftlich nicht ohne Humor schreiben, wenn er über den Humor schreibt. Und in immer neuen Wendungen bricht die feste Anschauung hervor, daß ein humoristisches Weltbild das wahrste und menschenwürdigste sei. Neuerdings hat er denn auch folgerichtig seine Lehrmeinung in einem Gedichte niedergelegt. Mancher laufe als Humorist umher, der nichts ahnt von dem innern Widerspruch, von dem tiefen Bruch, der durch das ganze Weltall bringt, mancher Andere, der diesen Riß zwar merkt, doch zu freiem Lachen den Geist nicht stärkt, sondern mit Weltschmerz kokettiert; hat aber Einer die Geistesmacht, die scharf durchschaut und doch heiter lacht, versteht er über sich selbst zu schweben, sich selber dem Lachen preiszugeben: dem sei es gegönnt, ohne versteckte Gedankentiefen seine Freude zu haben am Naiven.

Friedrich Theodor Vischer ist auch Einer, welcher scharf durchschaut und doch heiter lacht, und „Auch Einer" hat er bizarr genug das Buch getauft, das vor noch nicht zehn Jahren der Welt plötzlich das Geheimniß verrieth: der alte Professor der Aesthetik ist selber ein Dichter.

In den besten Kreisen der deutschen Leser brachte der zweibändige Roman eine ungewöhnliche Aufregung hervor.

Ein geniales Buch war erschienen, dem man aus vielen kleinen Anzeichen das Horoskop so stellen konnte: es werde als bleibender Gewinn der Literaturgeschichte angehören, es werde aber lange Zeit weniger gelesen als gelobet sein. Das Buch forderte nicht nur durch die in demselben versteckten Dichtungen eine sehr ernste Bewunderung, durch die eingeschalteten oft gar kecken

Kunsturtheile eine Antikritik oder auch beistimmende Auseinandersetzung heraus, sondern es schien geradezu eine akademische Preisaufgabe lösen zu wollen, die Aufgabe: da es für unsere Theorien des Komischen eigentlich noch keinen kanonischen Roman gibt, so ist ein solcher zu schreiben.

Es war ein seltener Fall. Man konnte sagen, derselbe Mann habe den Preis ausgeschrieben und gewinnen müssen, weil er auch der angesehenste Preisrichter in Deutschland war. Sein Werk, zu dessen Titel: „Auch Einer" er die nähere Bezeichnung „Eine Reisebekanntschaft" hinzufügt (wie man sonst wohl sagt: ein Roman, ein Drama oder dergl.), gab Anregung genug, um darüber eine literarische Recension, eine Würdigung der Vischer'schen Aesthetik, eine Geschichte der letzten dreißig Jahre, eine populäre Philosophie, eine Abhandlung über die keltische Mythologie, eine kleine Theologie und außerdem — eine Sammlung von Hundeanekdoten zu schreiben.

In dem Tagebuche seines Helden, das beinahe den ganzen (424 Seiten starken) zweiten Band füllt und neben den Fragmenten einer Novelle auch zahllose frappirend geistreiche Bemerkungen über alles Mögliche, also auch über das eigene Buch enthält, findet sich eine Stelle, welche Vischers Verhältniß zu Jean Paul, oder wenigstens die Anschauung des Dichters darüber, klar legt. Er heißt da von Jean Paul:

„— Das humoristische Ich des Dichters drängt sich zersprengend in das Bild, das er geben soll. Er verwechselt Dichter und Gedicht. Er will Narren und seltsame Begebenheiten vorführen und statt dessen führt er seltsam und närrisch vor. So wird der reiche und herrliche Geist ungenießbar und niemand liest ihn mehr, — leider! Sollte es aber nicht eine schöne Aufgabe sein, zu zeigen, daß es auch einen Humor giebt, der dieser Versuchung widersteht und ein Bild des Närrischen mit der Objectivität des Künstlers entwirft und durchführt? Zweite verbesserte Auflage J. Pauls, der mit Unrecht zu den Todten geworfen ist? Auferstandener, genießbar gewordener Jean Paul?" (II, S. 340.)

Das Ziel war, wie man sieht, nicht eben niedrig gestellt. Eine zweite verbesserte Auflage Jean Pauls!

Nur Anhänger eines blinden Todtencultus konnten hierin eine Impietät gegen den Liebling unserer Großeltern, gegen den hyperidealen und überreichen Schriftsteller erblicken. Ich gestehe, daß ich Vischers Urtheil über Jean Paul für milde und überdieß für das Urtheil eines durchaus Berechtigten halte. Nur ein congenialer Geist kann dem Dichter des „Titan" ein so köstliches Denkmal setzen wie die folgenden Verse, die sich unter den Papieren des Vischer'schen Helden finden.

„Grabdichter, Jenseitsmensch, Schwindsuchtbesinger!
Herz, voll von Liebe, sel'ger Freude Bringer
   Im armen Hüttchen an des Lebens Strand!

Du Kind, du Greis, du Kauz, Hanswurst und Engel!
Durchsicht'ger Seraph, breiter Erdenbengel,
   Im Himmel Bürger und im Bayerland!

Komm', laß an deine breite Brust mich sinken,
Komm', laß uns weinen, laß uns lachen, trinken,
   In Bier und Thränen mächtiger Kneipant!"

Aber mit der Liebe zu Jean Paul, mit dem intimsten Verständniß dieses außerordentlichen Geistes ist es noch nicht gethan. Um Jean Paul überbieten zu können, dazu gehört mehr als bloße Anempfindung, dazu gehört Geist von seinem Geiste. Und auch diesen besitzt Vischer. Nur aus einem gesättigten, reichen Geiste kann eine so entzückende Fülle neuer und reiner Gedanken strömen, wie sie die Erzählungen des Buches beinahe auf jeder Seite als Arabesken umkleiden. Von diesem Gesichtspunkte aus ist „Auch Einer" ein Werk ersten Ranges. Seit D. F. Strauß' „Alter und neuer Glaube" war wohl in Deutschland kein Werk erschienen, dessen Autor alle Dinge dieser Erde und daneben auch die anderen — mit so hellen Schlaglichtern zu treffen vermochte. Geist steckt in dem Buche genug, übergenug. Es gibt bei uns manche Romanschriftsteller, welche mit einer Seite von Vischers „Auch Einer" für ihr ganzes künftiges Wirken den Verbrauch an Geist gedeckt hätten.

Und auch ein Dichter ist Vischer. Wer dies aus den bisherigen, pseudonym erschienenen Schartenmeyer-Poesien des seltenen Mannes noch nicht herausgefühlt hatte, der fand die schönsten Proben von Vischers poetischer Begabung gerade in seinem neuesten Werke. Es finden sich in dem Tagebuche des Helden Naturschilderungen, gegen welche gehalten das bescheidene Gartenvergnügen aus der teleologischen, gottseligen Zeit bettelhaft genug aussieht! Vischer hatte einst von sich selber verlangt, daß er die Schilderung des Naturschönen

als ungehörig aus seiner eigenen „Aesthetik" hinauswerfe;
er hatte Recht gegen sich, aber es wäre um jede Zeile
Schade. So hat vor ihm noch Niemand, auch Humboldt
nicht, Landschaften zu beleben vermocht; und in der
Schilderei von Thieren ist er vollends ein Michel=Angelo.
Die „Pfahldorfgeschichte", auf welche ich noch zurück=
kommen will, ist in ihren ernsten Theilen den archaisti=
schen Romanen von Scheffel, Freytag oder gar Ebers über=
legen. Man lese folgende Schilderung eines wüthenden
Wisent, das gegen den Pfahljäger zu kämpfen beginnt:

„ Tiger= und Löwenkopf hat bei schöner Bildung grund=
falsche, blutdürstige Katzenzüge, da mag dem Schrecken des An=
gegriffenen noch die Seelenqual sich beimischen, so viel Wildheit
mit solcher thierischen Schönheit verbunden zu sehen; aber er sieht
doch Züge, das Entsetzen ist nicht so dumpf, wie beim Anblick
dieses Stierkopfs, der wie ein Stück roher Masse aussieht, von
dem langen Leibe wie ein Mauerbrecher vorwärts geworfen, um
zu Brei zu zermalmen, was nicht hart wie Fels und Eisen ist,
oder mit Hilfe der kurzen, nah an den Schläfen aufwärts stehenden
Hörner, was da Lebendiges begegnen mag, und wäre es der schwere
Körper eines Bären, wie einen Ball in die Luft zu schleudern.
Und doch verkünden furchtbare Zeichen, daß eben in diesem form=
losen Blocke der dumpfwilde Geist wohnt, der ihn als seinen
Sturmbock, seine Schleuder regiert: Feuerqualm scheint aus den
schnaubenden Nüstern zu sprühen, das tiefe, wie aus langem Ge=
wölb heraufgeholte Brummen ist nur noch schrecklicher als das
Brüllen des Löwen, des Bären, dämonische Wuth funkelt in dem
großen, dunkeln Auge, bei seinem Schwellen und Rollen zeigt sich
die Bindehaut, die als weißer Grund dem menschlichen Augenstern
seine edle, reine, hebende Umrahmung gibt, als rothdurchäderte
Folie und erhöht so mit ihrer Blutfarbe das scheußliche Wuthbild,
aus dem Maule hängt die blaurothe Zunge . . ."

Aber nicht nur seine farbengesättigte Prosa zeigt
Vischer in solchen kühnen Phantasiebildern, er bringt
auch Gedichte, freilich nicht immer ernst gemeinte. Bald
verspottet er in gräulichen Stabreimen den bei den Nibe=
lungen angelangten Richard Wagner, bald erklingt die
Leier des biederen Schartenmayer, bald ahmt er Scheffels
vorsintflutliche Studentenlieder mit großem Glücke nach.
Mitunter aber läßt er den wahren Dichter in seinem
tiefsten Innern ruhig zu Worte kommen. In dem
gewaltig schönen Gedichte „Die Nagelschmiedin" schildert
er ein reizendes Weib, das zum Ambos gebeuget den
schlanken Leib einen zierlichen Hammer schwinget. Sie
hämmert und tritt den Blasebalg. Es rollen die Locken
ihr übers Gesicht. Das sind ja die funkelnden Schlangen,
die mit den Ringen, die mit den Schlingen zauberisch
den Dichter gefangen.

> „Was beugt sich, was lächelt und strahlet und blitzt,
> Was klopfet, was hämmert, was glühet und spitzt
> Die Geheimnißvolle, die Arge?
>   Große und kleine
>   Grobe und feine
> Nägel zu meinem Sarge."

In einem andern Gedichte mit dem Motto:
„nunc pluat" -- schildert er einen Adler, der der Sonne
zufliegt.

> „Da sah er hängen über sich
> Ein zweites, schrecklicher gethürmtes
> Gebirg von Wetterwolken,
> Schwarz, dicht und breit und schwer, zum Bersten satt.

Er sieht's und schießt hindurch,
Steil, kerzengrad, dem Pfeile gleich,
Von straffer Sehne stracks emporgeschnellt.
Schon schwebt er über der schwarzen Wand
Im Blau, im strahlenden Aethermeer,
Er schaut der Sonn' ins blitzende Flammenauge,
Er schaut hinab und spricht:
„Nun mag es regnen!"

Wenn also Vischer einen reichen Geist besitzt, der sich wohl mit dem Jean Pauls messen mag, wenn Vischer weiter eigene Dichterkraft und Talent für die dichterische Form in so ausgezeichnetem Grade besitzt, so würde ihm nur Eines fehlen, um eine „zweite und verbesserte Auflage" von Jean Paul ins Werk zu setzen: Geschmack. Daß F. Th. Vischer aber einen feineren und geübteren Geschmack besitzt, als die allermeisten seiner Zeitgenossen und Landsleute, denen er ja mit seinem ästhetischen Urtheil seit Jahrzehnten zum Führer diente, das bedarf nun keines Beweises mehr. Der große Aesthetiker, der alle Werke aus der Geschichte der Künste durchforscht hat, wie wenige andere vor ihm, der die hellenische Kunst versteht und seinen Goethe, der die Fehler Jean Pauls herauszuwittern weiß, wie nur ein Nebenbuhler, der wird auch diese wenigen Fehler, diese individuellen Schattenseiten des zügellosen Genius — ces défauts de ses vertus — zu vermeiden im Stande sein. Die zweite, verbesserte Auflage herauszugeben, ist ja nicht so schwer, wenn man die erste vor sich liegen hat.

Doch seltsam, als laste ein ungeheurer Fluch auf

dem Humor Jean Paul's und seiner Schüler, so verstrickt sich der weise Aesthetiker oft in eben jenen Netzen, die er als die Gefahr seines großen Vorbildes erkannt und selbst zu durchbrechen versprochen hat. Wenigstens in den großen Umrissen des Romans zeigt sich jene Querköpfigkeit, welche uns zu unserm und des Dichters Schaden bei dem Lesen Jean Paul'scher Romane zu quälen pflegt. Titel, Einführung, Eintheilung und Extrablätter halten wie häßliche Drachen Wacht vor den Schätzen seines Geistes, indem sie gewöhnlich durch ihre drohende Unverständlichkeit den ängstlichen Leser dazu bestimmen, umzukehren.

Ist es etwa nicht ein echt Jean Paul'scher Zug, wenn Vischer seinem Roman den Titel „Auch Einer" gibt, seinen Helden, der sich erst nicht nennt, als A. E. einführt, vierhundert Seiten lang uns von seinem A. E. unterhält, und endlich mit großer Freude mittheilt, der Mann heiße Albert Einhart und entspreche also den willkürlich eingeführten Initialen? Doch diese Grille ist unbedeutend gegen den Aufbau der Erzählung, welche, genau nach dem Vorbilde Jean Pauls, das Pferd beim Schweife aufzuzäumen beginnt. Ich werde versuchen, den Inhalt des Romans in der buntscheckigen Reihenfolge zu skizziren, welche dem Dichter beliebt hat.

Der Verfasser lernt auf einer Schweizerreise einen „schiefgewickelten" Mann kennen, der sich eine eigene Mythologie zurecht gelegt hat. „Das Moralische versteht sich immer von selbst." Aber die winzigen Kleinigkeiten, mit denen der Mensch allezeit umgeben ist, wie:

Feder, Papier, Tinte, Brille, Uhrbändchen und ähnliches, sind von tausend kleinen Teufelchen besessen, welche es darauf absehen, den Menschen unablässig zu martern. Das Komische liegt im Contrast zwischen dem großen Ideal und dem kleinen Object. Man sieht, A. E. ist nichts anderes als das fleischgewordene Komische, mit andern Worten: A. E. ist ein Exempel zu Vischers Theorie des Komischen. Und ein vortreffliches Exempel, denn der Leser vermag bei der Vorstellung dieses absonderlichen Kauzes in ein herzliches Gelächter auszubrechen.

Wir lernen also unsern zukünftigen Freund A. E. kennen, wir erfahren, wie er von den kleinen Dämonen, alte Studenten würden sagen „vom Pech" verfolgt wird, wie er mit einer wunderbar schönen Engländerin, vermuthlich seinem Ideal, zusammentrifft, wie er durch einen halb tragischen, halb lächerlichen Zufall — Vischer verwechselt an dieser einzigen Stelle I, S. 64, das Komische mit dem einfach Widerlichen — zur Flucht aus diesem Kreise genöthigt wird, wie ihn Verzweiflung, Lächerlichkeit, Weltschmerz und Katarrh beinahe zum Selbstmorde treiben, wie der Verfasser ihn rettet, wiedergerettet wird und so mit A. E. einen Freundschaftsbund schließt, der die Uebermittlung einer A. E.'schen Novelle an den Verfasser und durch diesen an die Leser zur Folge hat. Diese Novelle, eine Pfahldorfgeschichte, unterbricht vollständig den Fluß der Erzählung. Nur ein unendlich drolliger, überlegen humoristischer Zug erinnert an die Fiction, daß nicht Vischer, sondern sein

A. E. Verfasser der Novelle sei. Auch in der Pfahl=
dorfgeschichte nämlich spielt der Katarrh und das Treiben
der kleinen Teufel eine Hauptrolle und athmet so den
Geist des ewig katarrhalischen A. E.

Sofort nach dem Abschlusse dieser Novelle erfahren
wir den Tod des A. E., ohne noch zu wissen, ob wir
es mit einem Wahnsinnigen, einem Schelm oder einem
Unglücklichen zu thun haben. In der That hatte A. E.
von allen dreien etwas, wie wir aus dem „Tagebuche"
ersehen, das den letzten Theil des Romanes ausfüllt und
die Räthsel der ersten Theile allmählich lichtet oder
gänzlich löst. Es ist das vollständige Labyrinth, wie es
das Vorbild für den Grundplan der meisten Jean
Paul'schen Romane geliefert hat. Die Zweispaltung
des Ich, welche nicht nur praktisch in der Differenzirung
vom Verfasser und dem angeblichen A. E., sondern auch
theoretisch in den philosophischen Glossen des Tagebuches
vorhanden ist, erinnert zwar auch an Jean Pauls ver=
rückten Schoppe, greift aber schon bedenklich auf das
Gebiet des gewaltsamen E. T. A. Hoffmann hinüber.

Der Werth des Romanes steht und fällt mit dem
Geiste seines Helden. Für wen die titanischen, gegen
den Schnupfen gerichteten Zornausbrüche A. E.'s nichts
Komisches, seine Schicksale nichts Tragisches haben, für
den ist das ganze Buch nicht geschrieben. Es ist aber
guter, echter schwäbischer Humor, der diese Gestalt ge=
schaffen hat. Und daß dieser Humor nichts Aeußerliches
ist, sondern bei allem Uebermuth doch eine ernste, ja
traurige Lebensphilosophie in sich birgt, vermindert

wahrhaftig nicht seinen Werth. A. E.'s Philosophie spricht sich kaum anderswo so deutlich aus als in folgenden pessimistischen Axiomen:

„Das Leben ist eine Fußreise mit einem Dorn oder Nagel im Stiefel. Felsen, Berge, Schluchten, Flüsse, Löcher, Sonnengluth, Frost, Unwetter, Räuber, Feinde, Wunden, damit müssen wir kämpfen, das will bestanden sein, dazu haben wir die Willenskraft. Aber der Nagel im Stiefel: das ist die Zugabe, kommt außerdem und überdies dazu, und für den Nagel bleibt dem Manne, der mit großen Uebeln redlich ringt, keine Geduld übrig. Haben denn die Menschen Zinkblech statt Haut an den Fußsohlen, daß mich darin Niemand verstehen will?"

Gegen eine solche Philosophie läßt sich mit Gründen nicht kämpfen. Entweder man hat Sinn für den Humor, der in einer zum Elefanten vergrößerten Mücke steckt, und dann bleibt die Gestalt A. E. dauernd haften als die eines grotesken Philosophen, der seit Jahrzehnten wieder einmal die rauhen Töne der Ursprünglichkeit vernehmen läßt — oder das Organ für diese Art von Lustigkeit fehlt — und dann wird der Leser das Buch bei Seite legen als eine Fundgrube geistreicher Gedanken, deren Aufsuchen nur in dem Gebränge zu viel Mühe macht.

Im Ganzen konnte man voraussetzen, daß es im Süden mehr Verehrer zählen wird als im Norden, wo der „Doctor Gscheutle" lebt, wo die Kritik des Buches hie und da ähnlich lauten mußte wie die zornigen Worte, welche der Verfasser selbst nicht umhin kann, seinem Freunde A. E. in einem Momente höchsten Unmuths entgegenzuschleudern. Er sagt:

„Sie gefallen sich darin, die Wahrheit des Lebens auf den Kopf zu stellen; Sie haben einen Palast vor sich, und nehmen zum Standpunkt für Ihr Urtheil die Hinterseite mit dem, was sie verbirgt; was man vergessen soll, bei dem halten sie sich auf, was des Denkens nicht werth ist, darüber studiren Sie, daraus machen Sie ein System! Was keiner Zeit werth ist, dem widmen Sie Ihre beste Zeit, was winzig ist, treiben Sie auf und vergrößern Sie, um recht närrisch zürnen zu können. Nicht aufgespart, sondern aufgezehrt wird auf diesem Wege die Kraft des Widerstandes gegen die großen und ernsten Uebel des Lebens!"

„Er will Narren vorführen und statt dessen führt er närrisch vor." Und ob Vischer dieser Gefahr noch so schlau aus dem Wege zu gehen sucht, ihn trifft derselbe Tadel dennoch ein wenig mit. Die Objectivität, welche er dem verbesserten Jean Paul vorschreibt, hat er freilich befolgt. Selbst der gestrenge Theoretiker Spielhagen, der vom Erzähler homerische Unpersönlichkeit verlangt, durfte zufrieden sein; aber schon der Narr, dem er fast die ganze Zeit über das Wort läßt, „führt närrisch vor". Und der Aufbau der Fabel, ja die Fabel selbst mit ihrer ernsthaften Tragik aus Katarrh (sollte Vischer den ganz verrückten Nebengedanken gehabt haben, das griechische Verhältniß, die Katharsis aus der Tragik auf den Kopf zu stellen?!), ist zu kraus, selbst für die geniale Behandlung Vischers.

So ist der Kunstgenuß, den uns A. E. als Ganzes zu bieten vermag, kein reiner. Ein Erguß, der die Form durchbrochen hat. Aber der Stoff, aus welchem das nicht völlig gelungene Werk geschaffen wurde, ist von kostbarer Gediegenheit. Nur aus dem Vollen eines überlegenen Geistes kann die Gedankenwelt erstehen, welche in dem merkwürdigen Buche lebt. Wenn uns darum auch die Mängel nicht entgehen, welche dem Werke anhaften, so beugen wir uns doch mit seltener Achtung vor dem Kernmann, der ein solches Werk zu schreiben im Stande war. Aber wir brauchen uns mit diesem Achtungsbeweise nicht zu begnügen. „Auch Einer" enthält, vollständig eingekapselt, ein Meisterstück deutschen Humors, die „Pfahldorfgeschichte". Sie ist bald ergreifendste echte Urpoesie, bald lustige Parodie.

Die „Pfahldorfgeschichte" hätte bei pedantisch ernster Durchführung eine Dichtung werden können, welche beim Publikum einen Erfolg wie „Ekkehard", die „Ahnen" oder „Narda" hätte erwarten dürfen; Vischer hat es vorgezogen, seiner erfundenen Novelle nach Art der unmöglichsten Romantiker einen Zug von Ironie einzuimpfen, der bald mit breiten Zwischensätzen den Gang der Erzählung unterbricht, bald die Objectivität in nichts weniger als epischer Weise stört. Und dennoch: die Geschichte ist so, wie sie ist, eine Einheit, für welche eine zweite, nicht einmal verbesserte Auflage Vischers den Gattungsnamen finden mag. Denn hier erweist sich, wie wichtig seine Vorschrift der Objectivität war: selbst die Ironie läßt den Dichter seine Haltung nicht verlieren und so fällt auch der Leser nicht aus der Stimmung.

Wer sich dem Dichter gefangen gegeben hat, auf den wirken die vielen Nebenreize der Pfahldorfgeschichte mit doppelter Kraft; aber auch der harmlose Neuling kann sich trotz der anfänglichen Ueberraschung dem märchenhaften Zauber nicht verschließen, zu welchem die allmächtige Sprache, die phantastische Lustigkeit und die höchste Jronie sich vereinigen.

So scheint auf den ersten Blick das Wesen Vischers sich aus denselben Bestandtheilen zusammenzusetzen wie dasjenige Gottfried Kellers. Aber bei aller Verwandtschaft sind ihre Naturen doch grundverschieden. Keller ist behaglich, Vischer grimmig, jener milde, dieser hart. Um die Großen heranzuziehen: Keller hat mehr von Goethe, Vischer mehr von Schiller. Damit hängt es zusammen, daß der erste die Menschen fast immer nur in ihren seelischen Beziehungen zu einander, der zweite Gott und die Welt in großen historischen Gegensätzen sieht. Auch Keller nimmt einen ironisch lächelnden Antheil an den Kämpfen um Staat und Kirche, aber Vischer begeistert sich wie im Rausche gegen Dummheit und Ungerechtigkeit, er ist der Anwalt der Hunde und Esel, und wettert aus lauter Liebe gegen die menschliche Gesellschaft. Jn ihm lebt Schiller'scher Sturm und Drang, er baut titanenhafte Pläne und darum hat seine Jronie auch einen so wilden Charakter, wie das Lachen eines besiegten Riesen, und darum hat sein Haß etwas so hinreißendes, wie die Worte Karl Moors.

II.

Wenige Jahre nach „Auch Einer" gab Vischer 75 Jahre alt — seine gesammelten Gedichte heraus und errang mit diesem Wagniß einen solchen Sieg, daß von den Versen zurück auf den Roman ein neues erhellendes Licht fiel. „Lyrische Gänge" nannte er im Titelfinden geistreich und schrullenhaft wie immer — dieses Buch. Ein bis zwei Menschenalter vorher hatte er „Kritische Gänge" geschrieben und dabei theils an bummelhafte Spaziergänge, theils an die studentische Bedeutung des Wortes, an Duelle, gedacht wissen wollen.

Auch die lyrischen Gänge sind bald friedlicher, bald kampflustiger Art. Die schwächsten und ältesten Verse sind mehr lyrisch, die Gedichte seiner hohen Jahre sind mehr Kriegsgänge. Und die schwerste Arbeit gelingt ihm immer. Auch die weicheren Stimmungen lösen sich ihm am besten von der Zunge los, wenn ein Gewitter von Gedanken im Hintergrunde steht. Und er hat es nicht nöthig, dem Kritiker zuzurufen: „Laß mich vertrauen, daß mir das Auge träumend zu schauen immer noch tauge. Magst Du mich sehen leiden und streiten, lasse mich gehen, lasse mich schreiten."

Die sonst übliche und berechtigte Art der Kritik läßt sich auf dieses Buch nicht anwenden. Ein Musiker, der mit dem Donner streiten wollte, weil derselbe den Kontrapunkt nicht studirt hat, oder mit dem Bachesrauschen, weil es unauflösbare Akkorde bringt, ein Maler, der dem Blitze vorwerfen wollte, daß er grüne Wiesen ungünstig beleuchtet, eine junge Dame, die sich darüber beschweren wollte, daß die Nelken in ihrem Strauße nicht geruchlos sind, wie Allerwelts-Kamelien;

sie wären alle um nichts komischer, als ein Rezensent, der versuchen wollte, an der Kernnatur Vischers herum=

zubosseln. Her mit ihm, wie er ist; oder weg mit ihm!

Und seine zweite selbst für seine Verehrer durch Geist und Kraft überraschende Dichtergabe ist gut, so wie sie ist.

Vischer sucht sich in diesen lyrischen Gängen die unwegsamsten Gebirge zu beschwerlichen, aber entzückenden Märschen aus. Es ist nicht Jedermanns Sache, ihm auf die Gipfel zu folgen; wer immer ihn jedoch zu begleiten wagt, und wenn es ein Liebhaber von Julius Wolff sein sollte, er wird den prächtigen Alpenführer niemals vergessen, wie sich ja die englischen Damen mitunter in die rüstigen Bergsteiger verliebt haben sollen.

„Kritik ist keine Sichel,
Zu mähen kurz und klein,
Aber Verehrungsmichel
Kann man doch auch nicht sein." (S. 144.)

Meine Stimmung, den Vischer'schen Gedichten gegenüber, ist trotz meines Verzichtes auf Kritik von „Verehrungsmichelei" weit entfernt. Nur weil die neuen Dichtungen an Ursprünglichkeit so hoch über dem Meisten stehen, was man so in des Jahres Einerlei durcheinander nachsichtig kritisirt, und weil allerlei boshafte, schlechte Witze durch die Schrullenhaftigkeit des Dichters so leicht gemacht werden, mag ich an dieses Spätwerk keinen fremden, kleinlichen Maßstab anlegen.

In dem Poeten Vischer vereinigen sich mehrere Dichternaturen. Aber kaum in den Jugendgedichten ist etwas wie Anlehnung oder Anempfindung zu bemerken; später bricht der Ton immer so voll und ganz hervor, daß man überzeugt ist, Vischer hätte auch ohne seine Rivalen so empfunden, so gesprochen. Ob er, wie Scheffel, vorsintfluthlichen Bierzeitungshumor mit ernstem Gesichte vorträgt, ob er mit Lord Byron der Natur ihre gespensterhaften, dämonischen Gewalten abzwingt und abringt, ob er mit Béranger philisterhaft gemüthlich im Philisterium des alltäglichen Lebens ausruht, ob er endlich sogar mit Goethe die schlichte Form für Titanengefühle findet, immer ist er und bleibt er Friedrich Theodor Vischer, der Schwab', der Trotzkopf, der auch darin seinem großen Frankfurter Halbgott ähnlich ist, daß er die Bestien (verrenkte Versfüße, geschmacklose Bilder, gelehrt-prosaische Wendungen) gern stehen läßt, wenn sie einmal da sind.

Selbst da, wo Vischer sichtbar noch im Banne Heines stand, schließt er den kleinen Sonettencyklus mit einem Aufbäumen seiner eigenen gesunderen Natur und ruft:

„Doch nein! Nicht so! Ich schließe nicht wie Heine!
Nicht sei von uns das Spiel des Hohns gepflogen,
Der zuckend reißt am Violinenbogen
Und frech zerkratzt die Melodie, die reine.
Seit ich um die Entfernte nicht mehr weine,
Seit ganz die schwere Lösung ist vollzogen,
Ward sie dem Auge, dem sie nie gelogen,
Zum Kunstwerk erst, zum reinen schönen Scheine."

Merkwürdig ist es, daß Vischer, der, ohne sich selbst zu verlieren, im Style der verschiedensten Dichter und Denker zu schreiben vermag, doch wieder ganz dramatisch sich dem Charakter seiner eigenen Masken unterordnet.

Das feierliche, echt nationale, doch leise partikularistische
Versmaß des alten Schartenmeyer gelang dem Schöpfer
des edlen Biedermannes stets, wenn er es beginnen
wollte; ich fürchte, selbst da klingt es an, wo er von
seinem verewigten Freunde Schartenmeyer oder seinem
Geiste unversehens überrascht wird, wie häufig, wenn
Vischer patriotische Stoffe in Balladenton vorträgt.
Viel bedeutender und viel tiefer ist die Maske des gewaltigen „Auch Einer", welche Vischer vielleicht gerade
dann vornimmt, wenn er den verehrten Zeitgenossen
unter dem Schutze der Maskenfreiheit die bittersten
Dinge sagen will.

Der Roman und die Gedichte gehören zusammen.
Was Vischer — abgesehen von seinen wissenschaftlichen
Leistungen — Bleibendes zu schaffen vermochte, das verdichtet sich in der närrischen Gestalt des „Auch Einer",
des rührenden Riesen, der auf der schönen Erde umher-
tappst und sie scheußlich findet, weil er bei jedem Schritte
Blumen und Insekten zertreten muß, des Riesen, der
mit seinem Kopfe über den Regenwolken steht — und
dabei dennoch in seinem Denken gestört wird, so oft er
unten nasse Füße kriegt.

Dieses urkomische, die Welt des Erhabenen und des
Lächerlichen verbindende Urbild vertritt auch in den
Gedichten die eine Seite des Vischerschen Geistes.
Bald mit dem ganzen Zorn des Subjekts gegen das
Objekt, mit dem Löwenzorn gegen die Mücke, die ihm
das Ohr umschwirrt, tobt sich „Auch Einer" aus; bald
tröstet er sich mit übermüthiger Lustigkeit über ernsthaftere

Leiden, wie in dem tollen Gedichte „Ischias", wenn dem
bresthaften Menschen die gesunden Helden der Vorzeit
erscheinen und ihn mit ihrem Wohlsein foppen, wenn
Achilles ruft:

"Ich komme aus der Ilias
Und habe keine Ischias"

und Odysseus

"Ich komme aus der Odyssee,
Die Hüfte thut mir gar nicht weh."

Der Kritiker des „Erhabenen und Komischen" ver=
mag aber nicht allein komische Töne anzuschlagen. Wie
eine Paraphrase über Sophokles, Aeschylus und Herodot
liest man die mächtigen Gesänge, in denen Vischer, von
lebendigen Reiseschilderungen ausgehend, die großen Ge=
stalten der Griechen, bleich und schattenhaft, aber dennoch
ergreifend aus der Unterwelt citirt. Und wo Vischer
als Dichter ganz allein steht, wo er auf die Genossen=
schaft des Satirikers, des geschmackvollen Kenners und
des Gelehrten völlig verzichtet, wo er nach den uralten
Stoffen der Poesie greift, wo er von Natur, von Liebe
und von Trunkenheit singen will, auch da gelingt ihm
oft genug ein Lied, das eines unserer ersten Dichter
würdig wäre. Ich will keines davon vollständig her=
setzen; aber einige Verse aus dem herrlichen „Trinklied"
abzuschreiben, mir und dem Leser zur Freude, kann ich
mir nicht versagen.

. . . Stellt mir schwere, weite, blanke
Becher ohne Ende her,
Füllet sie mit diesem Tranke,
Und ich trink euch alle leer! . . .

>   . . . Gebt mir Staaten zu regieren!
>   Kinderspiel soll es mir sein!
>   Gebt mir Heere anzuführen,
>   Und die ganze Welt ist mein.
>   Burgen möcht ich jauchzend stürmen,
>   Ihre Fahnen zittern schon, —
>   Felsen, Felsen möcht' ich thürmen
>   Und erobern Gottes Thron!

Gegen diesen modernen Ton, der die griechischen Götterflausen nicht mehr kennt und darum nur mit Einem Gott zu thun hat, gegen diesen Realismus kann Schillers Dithyrambe nicht aufkommen. Dem Dichter füllt nicht mehr Hebe die Schale, und der Rausch ist dennoch göttlich. Und damit die Darstellung der Wirklichkeit nicht platt werde, sagt der Dichter Becher anstatt Schoppen, Burgen anstatt Festungen: das deutsche Mittelalter löst die griechische Mythologie ab, wie sich das für einen Schiller des neunzehnten Jahrhunderts nicht anders schickt.

III.

Daß der Dichter Fr. Th. Vischer, und nur mit diesem haben wir es hier zu thun, nicht früher gewürdigt wurde, lag wohl zumeist daran, daß seine beiden früheren, pseudonymen Schriften parodistisch-kritischer Art waren. Man glaubt dem grimmigen Hohne nicht leicht, daß nur die leidenschaftliche Schönheitsfreude zur Carricatur verführte; man hält den grausamen Chirurgen am liebsten für einen kalten Verstandesmenschen.

Nun war das erste derartige Werk Vischers überdies die Schöpfung eines ziemlich exclusiven Gelehrten-Humors. Man mußte fast zur Zunft der Philologen gehören, um von der großen Faust-Parodie zu erfahren; und daß die damals neu erstandenen Goethe-Philologen das Büchlein nicht allzu lebhaft weiter empfahlen, war nicht zu verwundern.

Seit mehr als 50 Jahren wogte unter den Schriftgelehrten, welche den „Faust" auslegen und oft geistig, mitunter auch körperlich von dem einzigen Buche leben, der Kampf um der Tragödie zweiten Theil, ohne daß das deutsche Volk sich irgendwie um den Gegenstand des Streites bekümmert hätte. Wir haben die Faust-Tragödie, das was officiell der erste Theil heißt, zu unserem Andachtsbuche erkoren, ohne die Gelehrten viel zu fragen; und wir haben ebenso entschieden die Helena-Maskerade, das was officiell der zweite Theil heißt, mit der höflichen Entschuldigung abgelehnt, daß wir sie nicht verstehen. Eigentlich ist der erste Theil schwieriger als der zweite, denn der erste ist stimmungstiefste Dichtung, dieser bald dürre, bald blühende Allegorie, eigentlich bedarf der verrufene zweite Theil fast nur lexikalischer Erklärungen, eigentlich wollen wir ihn nur deshalb nicht, weil er uns aufs Entsetzlichste langweilt. Aber dies von Goethe frei zu behaupten, ist nicht Jedermanns Sache. Also bleibt es bei dem ehrerbietigen Gähnen: Wir verstehen ihn nicht.

Vor 25 Jahren aber hatte ein ehrlicher Mann, Auch Einer, der Goethe liebt, seinem Herzen Luft gemacht in der köstlichen, erlösenden Parodie, welche mit allen Waffen der Poesie, des Spottes, der Wissenschaft und der Wahrheit gegen das Geschwätz der Goethe=Pfaffen zu Felde zog. „Fauſt, der Tragödie dritter Theil" nannte ſich das kleine Büchlein und Deutobold Symbolizetti Allegiorowitſch Mystifizinsky schrieb sich nicht sehr geschmackvoll der Verfaſſer. Aber dieses Pseudonym war seine einzige Geschmacklosigkeit. Alle Welt — d. h. die paar Hundert Menschen, welche die gewaltige Parodie lasen, — kannte den wahren Namen; und die Fachgenossen entsetzten sich darob und wunderten sich, daß der philosophische Aesthetiker F. Th. Viſcher ein solches Werk schreiben konnte.

Seitdem sind zwei Ereignisse eingetreten, welche das Interesse für diese luſtige und beſte Kritik von des Fauſt zweitem Theile beleben konnten. Erstens war der alte Viſcher plötzlich mit zwei Dichtungen auf den Plan getreten, welche ihn als Erzähler und Lyriker vielleicht an die Spitze einer neuen Jugend und sicherlich aufrecht neben Gottfried Keller stellen. Das Spottlied, das ein solcher Mann in reifen Jahren (1862) auf den Fauſt gesungen hatte, durfte wohl ein wenig Aufmerksamkeit beanspruchen.

Sodann war der zweite Teil seit einigen Jahren von unternehmungsluſtigen Leuten aus dem Theater=gewerbe dem widerstrebenden Publikum vorgeführt worden. Man amüſirte ſich über mancherlei bunte Bilder, merkte sich ein paar Namen und Citate, aber gähnend ver=ſicherte man mit dem Hute in der Hand, man habe Goethe noch immer nicht völlig verstanden.

Für die Unverbesserlichen, welche einem Goethe gegenüber das Recht der eigenen Meinung und der Offenheit einbüßen, kam nun eine neue vermehrte Auflage der Vischer'schen Parodie sehr gelegen.

Sie, die gewohnt sind, nachzusprechen, dürfen nun getrost einem Berufnen nachsprechen, daß das Greisenwerk Goethe's bei allen einzelnen Schönheiten doch im Ganzen nicht viel werth ist. Freilich müßen sie ihren Goethe, auch den zweiten Theil des Faust genau kennen, wenn sie den intimsten Spaß der drei Akte würdigen wollen; freilich müßen sie Goethe innig kennen und lieben, wenn sie es bis zu einem herzlichen, befreienden Gelächter bringen wollen. Und es läßt sich nicht daran zweifeln, daß arme Schelme und Schächer, die nicht werth sind, daß Goethe gelebt hat, gleichfalls die Parodie lesen und ihren Tropfen Gift daraus saugen werden. Das aber ist das Schicksal jeder ernsthaften kritischen Studie und Vischer durfte darum sein Werk nicht ungeschrieben laßen.

Die neue Auflage enthält im Wesentlichen zwei Veränderungen. Es ist ein neuer Schluß hinzugefügt und die politische Prüfung, die Faust bei den Müttern zu bestehen hat, ist in die Zeit nach 1870 verlegt. Manches Pfäfflein wird sich an den kräftigen Reimen ärgern; die Geister von Luther und Lessing machen Ernst mit dem Scherze. Aber auch für den harmlosesten Philister bleibt noch genug zu lachen, wenn Helenas Tournüre als irdischer Rest zurückbleibt.

Der neue Schluß, ein Nachspiel, wendet sich geradezu

gegen hirnlose Goethologen. Und wie ein Majestätsver=
brechen an Goethes heiligem Haupte muß diesen Herren
der Angriff gegen des Dichters letztes Schmerzenskind
erscheinen. Vischer aber mag wohl mehr als den Zorn
der Zunft das Mißverständniß der Masse gefürchtet
haben, als er in dem Nachspiel seiner freien Be=
wunderung für Goethe die feurigsten Worte lieh. In
der alten Ausgabe hatte er sich zum Schluße einfach
vom Dichter begnadigen lassen, etwa so, wie der Herr
selber von allen Geistern, die verneinen, den schalkhaften
Teufel gelten läßt. In der neuen Ausgabe spricht
Vischer seine letzte Meinung in einem Dithyrambus aus,
welcher ebenbürtig neben seinen Gesängen auf Aeschylos
und Sophokles steht. Wer so markerschütternde und
wieder erhitzende Worte der Goethe=Verehrung findet, der
darf auch kecklich vor den Großen hintreten und ihm
derb und lustig seine Meinung sagen. Und so hat der
geistvolle Theil der Goethe=Philologen nur sich selbst
geehrt, als in dem letzten Bande des Goethe=Jahrbuchs
(VII.) die gefährliche Parodie Vischers freundlich und
heiter angezeigt wurde.

Gerade in den neueren Scenen dieses Werkchens
äußert sich die Satire oft auch derb gegen allerlei un=
literarische Zeitübel und wird dadurch gewissermaßen
positiv. Ist diese Satire erst so stark, daß sie zu ihrem
Prediger einen greifbaren und selbst wieder komischen
Menschen gestalten kann, dann ist der Satiriker ein voll=
giltiger Dichter. Und das ist demselben Vischer gelungen,
als er sich Philipp Ulrich Schartenmayer nannte

und im schönsten Biedermannstone den „deutschen Krieg" (1870—71) besang.

In einem Epilog verwahrt sich zwar die Geisterstimme Schartenmayers gegen allzu viele Störung:

> Laßt in meiner Todtentruhe
> Mich vor's Erste nur in Ruhe,
> Will nichts wissen von der Welt,
> Wie sie jetzo ist bestellt!

Aber es wäre zu bedauern, wenn diese Bierbankverse so bald aufhörten, ein Volksbuch zu sein.

Es ist schon angedeutet worden, daß Vischer allezeit ein großer Politiker vor dem Herrn war; sein komisches Heldengedicht ist nun bisher das Beste, was der große Krieg an Poesie gezeitigt hat. Der parteilose Jubel über die gewaltige That und unsere historischen Männer, der ebenso parteilose Haß gegen Dummheit und Pfäfferei, kurz die Mischung von wurzelechtem Freimut und stolzbescheidener Unterwerfung unter bewährte nationale Führer, machen Vischer hier vielleicht zum Sprecher einer zwanglosen Partei der Zukunft. Aber dieser Ernst ist nur aus den Obertönen des Büchleins herauszuhören. Lauter vernehmbar ist der seltsame Partikularist, der die preußische Pickelhaube eher auf sich nimmt, als daß er auf seinen „Kreuzer" und seinen „Schoppen" verzichtet. Und daß man nie ganz klar sieht, ob Vischer sich über den kleinlichen Schartenmayer lustig macht oder ob er selbst mit halber Selbstironie auf dem Standpunkte dieses Stockschwaben steht, das giebt den Versen für jeden Verehrer Vischers einen doppelt gemüthlichen

Reiz. Die Verse, welche Schartenmayer schreibt, sind eine leichte Parodie; aber die Gestalt des Schartenmayer, der solches Zeug in feierlichem Ernste schreiben könnte, ist eine objective dichterische Leistung. So kann man auf den wenigen Blättern die ganze Entwicklung Vischers nachweisen. In dem Vorworte und seiner philologischen Akribie treibt er noch literarische Satire, wie im dritten Theile des Faust; in der Darstellung des Krieges selbst hat er einen volksthümlichen Bänkelsängerton getroffen, der wie bei Bürger oft genug in reine schlichte Poesie überzufließen vermag; und wie in dem Ich=Roman „Auch Einer" der närrische Erzähler ein musterhaftes Portrait bleibt, auch wenn die Züge nicht gefallen sollten, so steht der einfältige Bänkelsänger selbst höher als seine Verse.

Ich wüßte das nicht so genau, wenn Vischer dieselbe Gestalt als guten Landpastor nicht noch ein zweites Mal gebracht, sie nicht auf die Bühne gebracht hätte. „Descht e guets Blättle, 's ka Einer fast sei ganze Bildung draus schöpfe!" Das sagt Schartenmayer von der vortrefflichen heimatlichen Zeitung und das sagt auch der biedere Pfarrherr in Vischer's Lustspiel „Nicht 1 a". Wieder ein vertrackter Titel. Das Stück will ich nicht überschätzen, bevor ich seine Wirkung nicht im Theater erfahren habe; aber es zeichnet Menschen, deren Kern uns ergreift, es ist einfach und es ist wahr. Vielleicht mögen es darum unsere Schauspielhäuser nicht, in denen unwahre, gekünstelte Maskeraden das Bedürfniß der Besucher am besten zu befriedigen scheinen. Indessen ist

Vischer wohl kein geborener Dramatiker und der Schaden für uns deshalb nicht allzu groß.

Was für ein „geborener" ist Vischer nun aber? Der alte Herr gehört zu einer ganz neuen Gattung, die vielleicht berufen ist, den Dichternamen wieder in Ansehen zu bringen und das Versemachen daneben unansehnlich zu machen. Henrik Ibsen ist „auch Einer" von diesen. Sie werden Poeten aus Liebe zur Wahrheit. Wahrheit ist für sie Inhalt und Form der Poesie und der Zorn über die Lüge macht den Reim darauf. Wenn die Lyrik nicht seit Menschengedenken so oft der Schablone geopfert hätte, man könnte sie Lyriker nennen, nicht Lyriker der Damen, sondern Lyriker der Wahrheit.

Josef Victor Scheffel.

Am Sarge eines Dichters, der in jungen Jahren vollenden durfte, was dann durch ein ganzes Menschen= alter seinen Ruhm und die Freude jedes neuen Jünglings= geschlechtes ausmachte, am Sarge Viktor Scheffel's schien eine tragische Stimmung kaum am Platz. Man hätte denn mit dem allgemeinen Schicksal rechten wollen, das auch den Sänger unvergänglicher Kraftlieder in schwere Krankheit wirft und ihn den vielen Tausenden seiner Verehrer gerade dann entreißt, wenn sie den alten Herrn wieder einmal höchst persönlich mit tosendem Jubel feiern wollen. Scheffel hat dem akademischen Fest von Heidel= berg gefehlt, dessen genius loci ihm seine übermüthigsten Lieder eingegeben.

Doch sonst war das Dichterleben Scheffel's reich mit den schönen Rosen geschmückt, bei denen nicht zu dicht die Dornen stehen. Er war 1826 geboren und schon 1855, also vor seinem dreißigsten Jahre, waren die drei Bücher vollendet, deren Namen am neunten April 86 bei der Nachricht von seinem Tode auf den Lippen aller Studenten, aller sinnigen Mädchen und

Frauen und mancher beschaulichen Männer schwebten: Die Kneiplieder des Gaudeamus (erst 1867 herausgegeben), der Trompeter von Säkkingen und Ekkehard. Dann lebte Scheffel noch über dreißig Jahre, die Jugend Deutschlands wartete jedoch vergebens auf ein neues gleichwerthiges Geschenk. Aber das Schicksal anderer, wenig fruchtbarer Dichter blieb ihm erspart; er wurde nicht vergessen. Wo immer es hoch herging unter akademisch gebildeten Leuten, da wurde des Trompetersängers gedacht, und oft traf von ihm eines jener bummelhaften Gelegenheitslieder ein, welche im Augenblick zündeten und nach Jahr und Tag noch Wärme zu erzeugen vermochten. So sangen wir zu Straßburg im Jahre 1872 sein süffiges Weihelied; so hörten wir nach dem Feste der Lesehalle der deutschen Studenten in Prag, am 16. Februar 1876, seinen kernhaften Jubiläumsbank:

> Nicht rasten und nicht rosten,
> Weisheit und Schönheit kosten,
> Durst löschen, wenn er brennt;
> Die Sorgen versingen mit Scherzen:
> — Wer's kann, der bleibt im Herzen
> Zeitlebens ein Student!

So wurde Scheffel ja stets als ein unter uns Lebender geehrt, aber nur seine alten Werke waren es, welche immer wieder auf's neue für ihn warben und sein Andenken erhielten.

Der erste Siegeszug der Dichtungen war ein langsamer. Noch in den Versen zur zweiten Auflage des

Trompeters freut sich Scheffel bescheiden der Wirkung auf kleinere Kreise.

<blockquote>
Es war ein schlichter Musikantengang
Und großes Schicksal hat dir nicht getagt.
</blockquote>

Doch immer rascher schwoll der Ruf von dem alemannischen Sänger von den Engeren zu den Weiteren, ein deutscher Student ohne Gaudeamus war bald so wenig zu denken, wie eine deutsche Braut ohne den Trompeter.

Vor zehn Jahren feierten wir Studenten und alten Herren unsern Lieblingsdichter, der ein Fünfziger geworden, überall so laut, daß ihm die Ohren gellten.

<blockquote>
Wem gelte b'gschmückti Hüser, b'Vollerschüeß?
D'Musik und b'Fahne, b'schwarzi Fräck, de Chilchgang?
Meinsch's sy e Schillerfest?.. De wursch di schnide!
Me chennt au andri Lüt.. he!
</blockquote>

Und dieses Scheffelfest, welches wenigstens an den Kampfstätten des Deuschthums (wie bei dem erwähnten Scheffelfest in Prag) an die politische That der Schillerfeier von 1859 erinnerte, bedeutete noch nicht einmal den Höhepunkt in des Dichters passivem Wirken. Während er in behaglichster Muße am Bodensee, auf dem Schauplatze seines Romans, in Radolfszell hauste und nur noch ab und zu einen hübschen Reim in die akademische Welt hinausschickte, wurden seine ersten Schriften seinem Volke immer lieber. Nur eine Ziffer: an Scheffel's fünfzigstem Geburtstage hatte der Trompeter sechsundvierzig Auflagen erlebt, heute, zehn Jahre später, liegt die hundertdreißigste Auflage vor.

Die Kehrseite des Poetenglücks fehlte nicht ganz. Alle Ehren und Würden konnten den Mann gegen schweren menschlichen Kummer nicht schützen und eine unduldsame Melancholie verdüsterte oft genug die Seele des Humoristen. Es war Vieles krankhaft an ihm, was sich heftig gegen die Außenwelt kehrte und doch nur ihn selbst verletzte. Krankhaft war seine Empfindlichkeit gegen die Kritik, krankhaft der Zorn des Humoristen über einen Spaß, wenn er selbst das Opfer war; und so haben wir ihm auch noch dafür zu danken, daß er alles Pathologische mit seiner Persönlichkeit auffing und ihm den Weg zu seinem Dichten verschloß. „Poesie ist tiefes Leiden", spricht sein Landsmann Kerner. Und auch sein Humor war Poesie.

Daß die Gunst des jungen Volkes sich dem alternden Dichter in erhöhtem Maße zuwandte, muß das Nachdenken herausfordern. Scheffel flüchtete in den ersten fünfziger Jahren zur romantischen Poesie vor der politischen Unfruchtbarkeit der Zeit. Während die charaktervollen Patrioten sich in einen gefährlichen Zorn verbissen, während charakterlose Streber sich der süßlichen Langeweile des Amaranth hingaben, wandte der feste Scheffel sich völlig und für immer vom öffentlichen Leben ab und fand glücklicherweise, daß er ein ganzer Poet war. Nur hie und da entlockt ihm die Zeitströmung bittere Worte. Noch 1858 sagt er:

<blockquote>
Lauscht man erst wieder hohen, großen Dingen,
Dann werden Andre bess're Lieder singen!
</blockquote>

Das ältere Studentengeschlecht, das noch in den

Traditionen des schwarz-roth-goldenen Bandes aufgewachsen war, freute sich des Dichters, der in trüber Zeit wenigstens für Wein und Liebe freie Töne fand; noch hatte kein deutscher Reimschmied die Behauptung aufgestellt, daß Politik den Charakter verderbe. Das neue Studentengeschlecht der letzten 10 Jahre jedoch übersah in Scheffel gern die seltenen zornigen Rufe, übersah die ketzerischen Ausfälle gegen den Kaiser Justinianus, ihn, der Pfuscher allergrößten, übersah manche Bosheit in den naturwissenschaftlichen und kulturgeschichtlichen Trinkliedern und hielt sich schneidig an die unübertroffene Bierseligkeit, welche ja in diesen letzten Jahren bei uns sogar parlamentsfähig zu werden beginnt.

Es giebt Literarhistoriker, welche Scheffel's Gaudeamus, um dieser Kneipseligkeit willen, gering achten. Ich gestehe gern, daß ich die Poesie des Rausches für vollberechtigt halte, wenn sie nur auch den Rausch der Poesie erzeugt. Und wer das an Scheffel nicht rühmt, der hat noch nie in späten Kommersen mitgesungen; wenn der Ichthyosaurus stieg oder das Guanolied, das Enderle von Ketsch oder gar der unsterbliche Gesang vom schwarzen Wallfisch zu Askalon. Ich kann mir sehr wohl denken, daß bemooste Häupter in Thränen ausbrachen, als sie nach dem Trauersalamander auf den todten Dichter dieses beste Lied anstimmten.

Das Kneiplied ist auch ein Volkslied. Und so darf man sagen, daß seit Goethe und Heine kein Deutscher dem Volke einen solchen Reichthum von Gesängen hinterlassen hat, wie Viktor Scheffel. Und selbst von seinen

Liebesliedern werden sich wohl einige erhalten, trotz der
entsetzlichen Kapellmeistermusik, deren Opfer sie geworden
sind. Auch die traurige Schaar der Nachahmer, die
den Lyriker wie den Epiker in Vers und Prosa ver=
folgt haben, ist ja nicht ihm zur Last zu legen. Während
aber die ungezählten Nachahmungen der Saufgesänge sich
bescheidentlich an engere Kreise von Bierfreunden wandten,
hat man den Erfolg des „Trompeters von Säkkingen",
weil er so unerwartet kam, auf dem Buchhändlermarkt
wiederholen wollen, wie etwa auf der Börse der glückliche
Schlag eines alten Hauses hundert Jobber in dieselbe
Bahn wirft. Man sah, daß Scheffels politischer Verzicht
gefiel und man wurde streberhaft; Scheffel war oft
nachlässig, so übte man sich denn mit äußerster An=
strengung auf Nachlässigkeiten ein; Scheffel hielt sich
geistig auf schlichter Höhe, so sank das Scheffel=Con=
sortium noch unter den geistigen Stand eines Durch=
schnittsmenschen.

Der Trompeter entstand 1853. Keines von Scheffel's
Werken ist so tief ins Volk gedrungen, vielleicht
wirklich, weil es das leichteste von Gewicht ist. Der
bummelige Vers, der schlottrige Bau lassen sich nicht
leugnen; der Dichter selbst hat mit hergebrachter alt=
romantischer Ironie darüber gespottet. Die Wahrheit
verlangt das Bekenntniß, daß der Trompeter sich mit
Unrecht den ersten Platz unter Scheffel's Gestalten er=
blasen hat. Die eigentliche Geschichte von Werner
Kirchhof, das, was die Opernzuschneider sich daraus an=
eignen konnten, ist kümmerlich und das Kostüm willkür=

lich. „Wär der Stoff nicht zu modern und handelte sichs nicht um deutsche Halbbarbar'n, so dürfte Einer aus der Herrn Arkadier süßem Dichterhaine Lorbeer'n ernten, säng er dieses Wiedersehn." So spricht Innocenzius der elfte, Werner's Zeitgenosse. Und Scheffel, der ihn so spöttisch reden läßt, machts doch so wie der Arkadier Einer und rückt seine Novelle in eine historische Barockzeit zurück. Ganz moderner Humor aber, herzerfreunde Lustigkeit sind die Arabesken. Und wenn der Trompeter nichts enthielte, als die tiefsinnigen Monologe des Katers Hiddigeigei, er wäre werth, nicht das Lieblingsbuch der Backfische geworden zu sein. Ueberall durchbricht die starke Dichternatur die Schranken einer mäßigen Novelle. Und auch die derben Verse sind wieder eine Erfrischung gegenüber der steifen Platenschule, aber nur deshalb, weil sie ihm natürlich sind.

Dieser Katerhumor nun, wie er sich nicht nur in den Heine'schen Strophen Hiddigeigei's, sondern in der Darstellung der meisten Scheffel'schen Werke findet, muß darüber entscheiden, welchen Rang der Dichter verdient. Wir stellen ihn gewiß sehr hoch, wenn wir neben ihn die „Butzenscheibenlyrik" halten, aber er verdient es, mit ganzen Kerlen verglichen zu werden.

Da müssen wir ihn denn herzlich lieben, sobald wir die Gattung mit ihren Verwandten im Auslande vergleichen, welches doch die Mischung von Romantik und Realismus ebenso gehabt hat wie wir. Der Franzose Prosper Mérimée ist neben Scheffel der größere Künstler aber ein nüchterner Kopf; der etwas spätere Kalifornier

Bret Harte, bei dem sich der Realismus zur Burleske, die Romantik zum Pathos verdichtet, erreicht nicht immer willkürlich tragikomische Wirkungen. So steht Scheffel auch neben solchen Leuten unverrückt da, wenn es nicht anders zum Genusse der geheimsten Späße dieser Art gehört, daß man sie in seiner Muttersprache liest, und wenn nicht darum gerade bei solchen Dichtern eine internationale Vergleichung so schwer gemacht würde.

Scheffel's Licht verdunkelt sich erst, wenn wir ihn mit seinen Landsleuten Keller und Vischer zusammenhalten. Da würde es sich wohl erweisen, daß der jüngste von diesen drei Alemannen verhältnißmäßig der geringste an Geist und Kunst gewesen ist. Sein Humor ist ähnlich zusammengesetzt, aber er ist nicht so reich, so weit, so völlig mit allem Großen durchsättigt, was die moderne Weltanschauung wissenschaftlich gereift hat. In seiner Weinlaune knüpft er parodistisch oft genug an gelehrte Stoffe äußerlich an; aber er kann nicht, wie Keller und Vischer, das Denken der Denker selbst befruchten.

Dieses Urtheil wäre ungerecht, wenn Scheffel nicht sofort wieder, mit einem Blick nach unten, als Poet ganz gewürdigt würde. Er steht als Natur selbständig neben den beiden da; auch Vischer gehört zu seinen Nachahmern. Und immer wieder muß man dieser Wirkung gedenken, um dem Urheber gerecht zu werden.

Niemals war diese Wirkung so groß, als mit seinem „Ekkehard." Auch seine Verse sind ihm nachgedrechselt worden, aber nicht so fabriksmäßig wie sein Kulturroman. „Dies Buch ward verfaßt in dem guten Glauben, daß es weder der Geschichtschreibung noch der Poesie etwas schaden kann, wenn sie innige Freundschaft mit einander schließen und sich zu gemeinsamer Arbeit vereinen." Scheffel hat es noch erlebt, daß in Ebers und Dahn sich die Geschichtschreibung mit der Poesie zu einem Kompagniegeschäft verband, und er wird seinen guten Glauben verloren haben. Was uns den Ekkehard so theuer macht, ist der unbewußte Sieg der Poesie über die Geschichtschreibung. Die Herren Professoren beschreiben vorsichtig nach dem aktuellen Stande ihrer Wissenschaft, was sie niemals gesehen haben. Scheffel sieht mit keckem Auge die alte Zeit lebendig, weil er die lebendige Heimath schildert. Ekkehard ist der einzige deutsche Roman, welcher die Werke Walter Scott's an Farbenpracht erreicht, an Tiefe des Humors übertrifft.

Nur noch einmal hat Scheffel diese Höhe erreicht: als er viel später in den Bergpsalmen die Alpenpoesie des Alemannen niederlegte. Die Stimmung der Bergpsalmen wäre vielleicht ein schöneres Ausklingen für Ekkehard gewesen als das archaisirende Waltharilied.

Ob Scheffel's größere Werke auf eine so ferne Nachwelt kommen werden wie seine Lieder, das kann heute niemand sagen. Wir Lebenden werden sie nie vergessen. Wir werden sie immer wieder mit heller Lust lesen und sie mit lachenden Augen unsern Kindern empfehlen. Wer aber die wehmüthige Stimmung über des Dichters Tod nicht verscheuchen will, der nehme noch einmal Scheffel's Festgruß zur Feier von Hebel's hundertjährigem Geburtstag zur Hand und lese, was ebenso gut von Scheffel gesagt ist:

> So lang im Feldberggrund 'ne Tanne wurzlet,
> Und d' Wiese strömt und b' Wehre und de Rhi,
> So lang no Meidli flink und bundersnett
> Und Buebe Obeds um be Lichtspohn sitze,
> Wenn's Marei seit: verzehlis näumis, Aetti.
> So lang weiß me vo dir und wird me müsse!
> S'isch Kein meh cho, der g'sunge hat wie du
> So frisch vom Herzen und so heimet-treu.

Bret Harte.

Der Blutsauger von Brandy-Bar.
Parodie.

*Es glänzt auch aus dem Galgenstricke
Ein goldnes Herz in manchem Schurken Brust.*

Der Sicherheitsausschuß von Brandy-Bar hätte wahrhaftig einschreiten sollen, als der engelgleiche aber falsche Spieler, der schlanke Hamlot, die Postkutsche höflich zum Halten aufforderte. Aber welches von den vier Mitgliedern des Ausschusses hätte es hindern sollen, daß Hamlot seine höfliche Aufforderung mit dem Losknallen eines Derringer begleitete, und daß dabei die Kugel zufällig in das rechte Auge des Obersten fuhr, der den Spieler nicht mit dem in Brandy-Bar üblichen Humor betrachtet hatte?

Das eine Mitglied des Sicherheitsausschusses, der grüne Bill, saß nämlich auf dem Bocke der Postkutsche und beruhigte die erschreckten Pferde; wenn der Wagen nicht still stand, wurde wohl eines von den Pferden niedergeschossen, und Bill war ein zu guter Rechner, um nicht zu wissen, daß für die ermordeten Wageninsassen morgen andere kämen, für seine Pferde nicht.

Das zweite Mitglied saß im Wagen mit dem dummen Ausdruck eines Mannes, dem man eben einige Lot Blei ins Gehirn gejagt hat.

Das dritte Mitglied war zufällig gestern drüben in Frisco gehängt worden und das vierte war der Spieler Hamlot selbst, den in der That nur die schlechten Karten der letzten Nacht dazu gebracht hatten, heute einen neuen Beruf zu ergreifen.

Er verbeugte sich lächelnd und sprach zu den Leuten, welche seltsamerweise nicht daran dachten, seine thränenfeuchten blonden Locken zu bewundern:

„Meine Damen und Herren, ich stelle mich Ihnen als Bankhalter vor. Ich habe va banque gespielt und gewonnen. Ich bitte! Wollen Sie dem Herrn Oberst nicht beim Aussteigen helfen? Er hat plötzlich einen offenen Kopf bekommen, aber er ist seitdem schwach auf den Beinen."

Und er warf den Körper des Obersten auf die Erde, nachdem er ihm mit einem einzigen Handgriffe die Edelsteine von den Fingern und die Ringe aus den Ohren gezogen hatte. Mit merkwürdigem Scharfblick erriet Hamlot, daß der Oberst nichts von Geldeswert in seinen Taschen verborgen hatte.

Unter allerlei Scherzen brachte er hierauf den zweiten und dritten Reisenden um die Ecke.

„Sind sie fertig, Mr. Hamlot?" rief der grüne Bill vom Kutschbock.

„Wer ist noch drin?" fragte dieser kurz zurück, während er die beiden Leichen ausplünderte. Und sogleich pfiff er wieder sein Lieblingslied, das in gar trauriger Weise das gebrochene Herz einer Lilie besang.

„Die blasse Fürstin!" sagte der grüne Bill.

„Betrunken?" fragte Hamlot.

Der grüne Bill hielt es unter seiner Würde, auf überflüssige Fragen zu antworten.

Hamlot zog die blasse Fürstin aus der Postkutsche heraus. Sie war natürlich eine Negerin und ihr Äußeres glich nur wenig demjenigen, was sich die ironischen Namenerfinder von Brandy-Bar unter einer Fürstin vorstellten.

Als sie so hilflos im Straßenkote balag, schien sie ein Schmutzfleck auf der Erde zu sein.

Hamlot lächelte teuflisch, als er bemerkte, daß sie mit ihrer rechten Hand einen Mops an ihren Busen drückte.

„Die blasse Fürstin soll nicht schlafend in die Hölle fahren. Ich will sie wecken."

Und mit einer Sicherheit, die dem grünen Bill einen Ausruf der Bewunderung entlockte, schoß er dicht am Ohre der Betrunkenen vorbei dem Hunde eine Kleinigkeit ins Rückgrat.

Als der grüne Bill später in der Nacht vor seiner Hinrichtung die Geschichte zum besten gab, erzählte er: „Wenn Hamlot in seinem eigenen Rockärmel eine Sieben anstatt eines Aß vorgefunden hätte, er wäre nicht so verdutzt gewesen, wie in diesem Augenblicke. So verdutzt war er nicht einmal damals, als er in meinem verschlossenen Kasten den silbernen Löffel fand, den er fünf Minuten vorher unserm Freunde, dem Pferdedieb Juba, gestohlen hatte. Und doch war die Ursache seines Entsetzens nur ein Floh, der allerdings noch schnellfüßiger war, als der alte Achilles in der Odyssee des französischen Dichters Virgile. Dieser Floh sprang, als der Mops starb, mit einem Satze auf den Nacken der bleichen Fürstin, wo er verschwand. Und als sie dabei erwachte — ich kann es euch nicht sagen, ob von wegen des Schusses oder von wegen des Flohs, — da senkte Hamlot seine Augen zu Boden. Ich hielt diesen Anblick nicht aus und peitschte auf meine Pferde los. Auch hatte er noch zwei Kugeln im Revolver." Und der grüne Bill war ein Ehrenmann, so lange er ungehängt auf Erden wackelte.

Wie dem auch sei, Hamlot, der Spieler, blickte wirklich zu Boden und sagte zur blassen Fürstin: „Sie sind mir heilig! Ich habe dem braunen Blutsauger, ach, seinen natürlichen Ernährer getötet. Ich will es gut zu machen suchen. Sie sind jetzt seine Zuflucht! Sie sollen leben!"

„Hoch! Und dreimal hoch!" rief die blasse Fürstin. Es war für eine Dame von Brandy-Bar eine ziemlich logische Gedankenfolge.

Hamlot nahm die blasse Fürstin in sein Haus. „Ich vermochte es nicht, das reizende Thierchen einer ungewissen Zukunft preiszugeben," sagte er später erklärend zu seinem Bruder, dem Einbrecher Sandy. Sandy drückte ihm mit Thränen in den Augen die Hand.

Im Hause des Spielers begann nun unter dem Einfluß des kleinen Blutsaugers eine merkwürdige Veränderung mit seiner Pflegemutter und seinem Beschützer.

Zuerst gewöhnte sich Hamlot das Schießen ab. Er verkaufte seine siebenundsiebzig Revolver und begrub seinen Tomahawk. Der Floh sollte vor Schrecken keine Sprünge mehr machen müssen. Danach gab Hamlot

sein Spielergewerbe auf. Der Floh nämlich, der bei
Tage schlief, liebte es, nächtens sein ungebundenes Leben
zu führen; als die Spielgesellschaften sich Abend für
Abend bis zum Morgen ausdehnten und das grelle Licht
den Floh in sein Versteck bannte, magerte er sichtlich ab.
Wie gesagt, Hamlot schloß seine Bude zu und wurde ein
achtbarer Weinfälscher.

Hinter soviel Edelmut wollte die blasse Fürstin nicht
zurückstehen. Um die Nahrung des Pfleglings, ihr
eigenes Blut, zu verbessern, gewöhnte sie sich das Trinken
fast vollständig ab. Sie trat in einen Temperenzverein,
wo sie singen lernte, um das süße Geschöpfchen mit
Liedern erfreuen zu können.

Hamlot wurde eifersüchtig auf die Zuneigung, welche
sein niedlicher Schützling zu dem Weibe hegte. Er
fürchtete mit Recht, daß seine bunten Halstücher das
Auge des Kleinen beleidigten; fortan ging er schwarz,
wie es sich für einen wohlhabenden Weinfabrikanten
schickte. Der dankbare Blutsauger, der täglich hübscher
wurde, vergalt diese Opfer mit der herzlichsten Zärtlichkeit.

Eines Tages aber kam ein Mann vom Murder=
Camp in Hamlots Haus. Einige schwören, er habe
seinen verhängnisvollen Rat aus Rache für den sauern
Wein erteilt. Der Mann selbst jedoch wettete noch am
Tage, da er wegen eines andern Verdachts gelyncht
wurde, daß er es gut gemeint habe.

Genug, er schmeichelte sich in das Vertrauen Hamlots
ein und meinte dann trocken: „Euer Kindchen — man
nannte es schon das Kindchen — kann nicht gedeihen,

wenn die blasse Fürstin sich nicht hie und da einmal ein bißchen wäscht."

Umsonst weinte das arme Weib heiße Thränen, umsonst berief sie sich auf ihre ganze Vergangenheit. Hamlot, nachdem ihm dieser Floh einmal ins Ohr gesetzt war, blieb unerbittlich und zwang sein Opfer mit alter Willenskraft, den Rat des Mannes von Murder-Camp zu befolgen.

Ein Bote wurde nach Sacramento geschickt, der eine Wanne aus Marmor, einen Centner der feinsten Seife, ein Dutzend Handtücher und eine erfahrene Wärterin mitzubringen hatte. Da die blasse Fürstin sich mit Händen und Füßen sträubte, wurde sie vor dem Waschen chloroformirt.

Als sie wieder zu sich kam, war der Floh verschwunden.

Umsonst wurde das ganze Haus durchsucht, umsonst zog der neugebildete Sicherheitsausschuß mit einem Detektive aus, umsonst wurde in den „Times of Brandy-Bar" dem ehrlichen oder unehrlichen Finder Straffreiheit und ein silberner Totschläger versprochen, der kleine Freund war und blieb verschwunden.

Die blasse Fürstin ergab sich wieder dem Trunke und starb bald darauf an gebrochenem Herzen und an Delirium tremens.

Hamlot aber war für zeitlebens gebessert. Er blieb Weinfälscher bis in sein hohes Alter.

Paul Lindau.

I.

Die wissenschaftliche Literaturgeschichte geht den Lebendigen gern aus dem Wege und schließt mit Goethe's Tod ab, weil Gervinus anno 1835 den Plan gefaßt hat, der Entwicklung nur bis 1832 zu folgen, oder weil die Sichtung des gegenwärtige Schriftthums gerade die schwierigste und undankbarste Aufgabe bietet. Wie sich unser Roman allmählich zur herrschenden Gattung erhoben hat, wie er bald unter englischem, bald unter französischem Einfluß stand, vor Allem wie er in dem entscheidenden Kampfe zwischen Romantik und Realismus sich endlich dem letzteren zuwandte und in Nüchternheit zu endigen droht, weil er den Humor nicht besitzt, der allein die alte Romantik besiegen und überbieten kann, das alles wäre einer wissenschaftlichen Untersuchung vielleicht ebenso würdig wie irgend eine der vielen Lotten unsrer klassischen Zeit. Und wenn eine solche zusammen=fassende Betrachtung wieder mit einem Verdammungs=urtheil schließen sollte, so könnte das zu ganz frucht=barem Streite Veranlassung geben.

Die Vertreter des alemanischen Humors, namentlich Keller und Vischer, sind von unserer historisch gewordenen Literatur gar nicht zu trennen. Sie selbst freilich sind durch eine tiefe Kluft, welche mit politischen und amaranthnen Gedichten wie mit einem Gemisch von Blut und Wasser widrig genug ausgefüllt ist, von einem neuesten Geschlechte getrennt, in welchem die Schule der Nüchternen den Vorrang errungen hat. Paul Lindau, der durch Begabung, Alter, Vielseitigkeit und Beweglichkeit zum Haupte dieser Schule geworden ist, hat das Wort einmal in dem Titel „Nüchterne Briefe" für sich als einen Gegensatz des Rausches in Anspruch genommen; er wird auch im bösen Sinne sich nicht ganz ohne Grund „nüchtern" nennen lassen müssen, und seine Schule gar wird oft nüchtern bis zur Unerbaulichkeit. Denn allen diesen Nachahmern fehlt, was Lindau in hohem Grade besitzt: Persönlichkeit.

Die Züge dieser Persönlichkeit sind deutlicher zu erkennen als zu beschreiben oder zu vergleichen. Wer den vogelartigen Kopf einmal gesehen hat, erkennt ihn wieder, wo immer er ihn auftauchen sieht. Und ein Kenner der französischen Literatur wird sofort an irgend etwas Parisisches erinnert; man denkt leicht an den jüngeren Dumas. Aber ich möchte dem modernen Deutschen die Ehre erweisen, ihn mit einem großen Franzosen des letzten Jahrhunderts zu vergleichen: mit Beaumarchais.

Es wäre ungerecht gegen Beide, und überdies unstatthaft, wollte ich die Vergleichung ins Einzelne durch=

führen. Die Gestalt Beaumarchais ist weitaus größer, auch grotesk, abenteuerlich. Aber hier wie dort steht ein lustiger Mann, der für seine Mitlebenden einen bestrickenden Zauber besitzt, der mit unbesieglicher Figaro-Schlauheit äußere Schwierigkeiten zu überwinden sucht, der elastisch jedem Mißerfolge mit einem erfolgreichen Witze die Spitze abbricht, der sein Auftreten immer mit einigem Lärm ankündigt, der im Leben alle Gesellschaftskreise bis recht hoch hinauf seinen Zielen dienstbar zu machen weiß und der bei alledem in seiner innersten Natur nichts ist und nichts sein will als ein Literat, als ein Mann der Feder.

Es ist bezeichnend für Paul Lindau, daß begeisterte Verehrer von der dritten Periode im Schaffen des noch nicht fünfzigjährigen sprechen können. Lindau begann als Journalist, der seine Genossen sofort in die zweite Reihe drängte, weil er die allermeisten an Begabung, viele an Fleiß, alle an jener anmuthigen Keckheit übertraf, an welcher er am sichersten von seinen groben Nachahmern zu unterscheiden ist. Kaum aber hatte Lindau die ersten großen Bühnenerfolge errungen, als er, pietätlos gegen seine Vergangenheit, das feuilletonistische Feld zu vernachlässigen anfing. Nicht als ob er jetzt weniger geschrieben hätte; im Gegentheil, er wurde diplomatisch und eilig und so immer wortreicher.

Ich will hier nur von dem Erzähler Lindau sprechen und seine Theaterstücke darum übergehen, sowohl die guten Arbeiten — ich denke an „Tante Therese" — die keinen Erfolg hatten, als auch die übrigen. Ander=

seits will ich nicht darauf wetten, daß Lindau nicht wieder einmal zum Theater zurückkehren wird, für welches er in mancher Beziehung wie geschaffen ist. Sicher ist nur, daß das Aufsehen, welches seine erste große Erzählung, „Der Zug nach dem Westen", gemacht hat, ihn für geraume Zeit von der Bühne abdrängen wird. Diesmal hat er den neuen Weg erst eingeschlagen, als er auf dem alten sich zu verirren begann. Die Aufführung des Schauspiels „Frau Susanne", welches er gemeinsam mit Hugo Lubliner geschrieben hatte, bezeichnet das Ende seiner ersten dramaturgischen Zeit.

Die Leute, denen die erste Aufführung eines schlechten Stückes, eine sogenannte première, lieber ist als die zweite Aufführung eines guten, hatten das Werk mit einiger Spannung erwartet. Der Erfolg war ein schwacher; nur der vierte Akt, den entweder Lindau oder Lubliner von Sardou entlehnt hatte, übte eine starke theatralische Wirkung; was vorherging, war eine ziemlich heitere aber übermäßig lange Exposition von drei Akten statt eines und der fünfte Akt gar zerfloß unter Thränen, die auf der Bühne geweint wurden, ohne das Parterre anzustecken. Sowohl Lindau als Lubliner hatten jeder für sich schon entschiedenere Erfolge errungen als diesmal beide zusammen. Und das schien mir erfreulich für die bisherige literarische Sitte in Deutschland.

Zur Vaterschaft von Possen und possenhaften Lustspielen hatten sich auch schon vorher mitunter zwei Leute bekannt. Es dürfte aber der erste Fall gewesen sein, daß zwei Schriftsteller von Ruf sich in Deutschland ver=

einigten, um ein Werk der Gattung zu schreiben, welche nach der bisherigen Klassifikation zur Poesie gerechnet zu werden pflegte. Ein gutes „Schauspiel" zu schaffen, gehörte bisher sogar zu den edelsten Aufgaben der neuern Dichter, ein Ding aber, an welchem zwei Poeten gemeinsam arbeiten, ist leicht dem Verdachte ausgesetzt, daß es nur für den Markt des Kunsthandwerks bestimmt sei.

Wenn das Publikum Beifall klatscht und es treten gleich zwei Autoren auf einmal hervor, so trübt der drollige Eindruck sicherlich die schöne altmodische Vorstellung, welche das Volk sich vom Dichter machte. Wie der Stoff des Dichters Herz berauscht, wie es höher und höher klopft, wie das Werk in Begeisterung geboren wird, wie es sich von dem Herzblute des Poeten nährt: das sind Vorstellungen, zu denen der Anblick von zwei Vätern nur schlecht passen will. Es verträgt sich nicht mit dem Bilde vom schaffenden Dichter, daß die Flamme von Lindau's Begeisterung in Lubliner's Antlitz schlage, daß Lubliner in seiner schönen Seele Lindau's Einfälle ausreifen lasse, daß Lindau an Lubliner's leichtem Stabe wandernd und dessen Gottes voll Lubliner's Lieder in seinen süßen Mund nehme. Und wenn man auch die alten Ueberlieferungen von dem wahnsinnsgleichen Schaffen des Dichters als Legenden preis geben will, wenn man den modernen Künstler, der sein Werk sorgsam ausfeilt, im Auge hat, so stört doch wieder der Mitarbeiter; denn das Unbewußte, das beim Austragen und Ausfeilen eines dichterischen Stoffes das Beste thut, dürfte doch nur in einem einzelnen individuellen Gehirn wirksam sein, so lange die öde Gedankenleserei nicht über ihr albernes Stecknadelsuchen herausgekommen ist.

Als eine Schöpfung des Kunsthandwerks also mußte das Werk einer Kompagnie-Firma von Dichtern beurtheilt werden. Zwei Geschäftsleute vereinigen sich sonst deshalb, weil ihre Fähigkeiten und Mitttel einander ergänzen; Lindau und Lubliner aber leiden beide an demselben Mangel, der sich darum auch in „Frau Susanne" fühlbar machte. Beiden ist frische Erfindungsgabe versagt; Lindau half sich gewöhnlich damit, daß er mit lustigen Einfällen und geschmackvollen Stimmungsbildern die Lücken der Handlung überbrückte, Lubliner damit, daß er dieselben Lücken mit gleichgiltigen Nebenhandlungen verzweifelt stopfte und zuschüttete. „Frau Susanne" hat manche hübsche Lindau'sche Brücke, die über einen zugeschütteten Graben führt, wie z. B. das Kartenspiel, mit welchem die Frau ihren Mann zurückhalten muß, während seine Eifersucht ihn schon bannen würde. Der Unterschied zwischen den beiden Autoren betrifft weniger die Art als die Höhe ihrer Begabung. Und da kann man sich freilich kaum einen größeren Gegensatz denken, als den geistreichen, leichten, natürlichen Lindau und den Dichter der Frauen ohne Geist, der nur mit schwerer Mühe seine Erfolge erarbeitet hat. Lindau könnte über das Zusammendichten, wenn er nur wollte, gewiß etwas sehr Lustiges schreiben.

Und doch hatte die für Deutschland neue Zweivätertheorie ein Gutes: man kannte den Verfasser der einzelnen Worte und Scenen nicht und so mußte die Kritik ganz

objectiv werden. Pater semper incertus. Man konnte
höchstens vermuthen, daß die vielen Gespräche über
Geldsachen von Lubliner, die gesprochenen und gesungenen
Citate aus älteren Dichtern von Lindau herrrührten.
Im Uebrigen wissen nur die beiden Verfasser selbst, wie
sie Lob und Tadel unter sich verrechnen sollen.

Die Autoren verbeugten sich Hand in Hand oftmals
vor dem Publikum, weil es im Deutschen Theater wohl
den Schauspielern, nicht aber auch den Dichtern vor:
geschrieben ist, auf einen Hervorruf mit stolzer Zurück:
haltung zu antworten. Die beiden Dichter, siamesische
Väter eines einzigen Kindleins, blieben nicht lange Hand
in Hand stehen. Einer Jeder von ihnen wandte sich
nach der traurigen Erfahrung plötzlich der Epik zu, d. h.
sie schrieben Romane. Lubliner's Kräfte versagten voll:
ständig, Paul Lindau hob sich wieder mit einem Ruck
zum Tagesruhm empor.

II.

In den meisten ernsthaften Rezensionen über Paul
Lindau äußert der Kritiker eine so überaus hohe
Meinung von den Talenten und von der Zukunft dieses
Autors, daß das gerade zur Besprechung vorliegende
Werk darüber zur Unbedeutendheit herabsinkt. Dieser
Vorgang, für den Menschen ebenso schmeichelhaft als
ungünstig für seine Werke, ist so häufig, daß er wohl
auch seinen Grund haben wird.

Lindau's Persönlichkeit, wie sie sich namentlich in
seinen früheren literarischen Besprechungen offenbarte,

ist in der That doch interessanter, als irgend eines seiner Bücher. Diese letzteren mußten dafür büßen, daß man sich immer zu viel von ihnen versprochen hatte.

„Herr und Frau Bewer" war die erste Novelle, die Lindau veröffentlichte, seitdem man ihn liest. Die Verehrer Lindaus waren wie gewöhnlich mit seiner Leistung nicht ganz zufrieden, während die Mehrzahl der Gleichgiltigen zugeben mußte, daß er ihnen ein sehr ansprechendes, wenn auch nicht eben aufregendes Büchlein geschenkt hatte. Die Geschichte von dem steinreichen Herrn Bewer aus Sumatra, der eine Chansonetten= sängerin von der Walhalla wegheirathet und sich nach kurzer Ehe enttäuscht wieder von ihr trennt, dieses nicht mehr ganz neue Kapitel aus der Geschichte der unglücklichen Lorle=Verbindungen ist an sich zu banal, um uns zu ergreifen, aber zu flott erzählt, um uns nicht zu fesseln.

Der Mangel, der keine Ergriffenheit aufkommen läßt, ist ein Mangel an Pathos. Das Pathos ist allerdings eine gefährliche Gabe, weil es bekanntlich nur durch einen Schritt vom Lächerlichen getrennt ist; und vor dieser Klippe ist Lindau immer sicher. Aber ohne Pathos, ohne diesen Muth des Ernstes lassen sich nun einmal die besten Wirkungen nicht erzeugen. Bei einer naheliegenden Vergleichung mit Auerbachs „Frau Pro= fessorin" läßt sich der schwache Punkt der Lindau'schen Novelle am sichersten erkennen. Auch bei Auerbach ist es die geringe äußere Bildung, die sich in der ungleichen Ehe zuerst störend bemerkbar macht. Aber erst ein tief innerlicher Charakterunterschied bringt das Tragische zwischen die Gatten. Bei Lindau läuft die Sache im Wesentlichen auf Eins heraus: Der reiche Bewer heirathet das Persönchen, weil er sich von ihr viel Amusement verspricht; da sie ihn schließlich langweilt, läßt er sie wieder sitzen, nicht ohne im Stil der französischen Romanciers so ein oder zwei Milliönchen Abstandsgeld zu zahlen. Wohl hat auch Lindau das Bedürfniß empfunden, tiefer zu greifen, und die Schilderungen des Gegensatzes zwischen dem ehemaligen Kulissennäbel und den makellosen Frauen aus Bewers Verwandtschaft sind ganz vorzüglich gelungen; aber diese feinen Herzensbeziehungen sind doch nur zur Verzierung angebracht, die Lebensfragen des Buches sind nur Etiquettefragen.

Sehr hübsch ist nicht allein die Schilderung der meisten Nebenpersonen, sondern auch die der Heldin. Hier beweist Lindau, daß ihm ein echter und schöner Realismus zu Gebote steht, wo er seinen Gegenstand beherrscht. Mißlungen ist der sentimentale Held, der eigentlich nur unser lieber alter Onkel aus Amerika ist, ein wenig „aufgemuntert" durch Daudets Nabob und ab und zu mit einer ganz unlogischen, großstädtischen Frivolität bedacht. Daß Bewer z. B. in seiner ersten großen Liebeslust erklärt, aus der kleinen Sängerin entweder seine Maitresse oder seine Frau machen zu wollen, stimmt wenig zu der übrigens schönen Seele dieses Lindau'schen Urgermanen.

Der Vortrag der einfachen Geschichte war geschmackvoll; nur in einer Richtung tappte Lindau in einem

fremden gefahrvollen Gebiet umher. Er hatte offenbar
mit vielem Vergnügen die französischen Realisten gelesen
und wollte — unter Wahrung des erforderlichen An=
standes — in Deutschland ähnliche Wirkungen erzielen.
Dagegen wäre gar nichts einzuwenden, denn der Realismus ist eine schöne Sache. Aber der Lindau'sche
ist nicht aus einem Guß; er ist forcirt und wird mit=
unter fast parodistisch. Diese genauen Angaben der
Wohnungen, diese Versuche, einen Hotelführer durch
Deutschland zu ersetzen, diese kleinen überflüssigen Züge,
welche ablenken anstatt zu charakterisiren, wären noch
zulässig. Was soll man aber dazu sagen, daß Lindau
an einer Stelle ganz ohne Noth ein kleines Zolaisches
Kleckschen, welches wohl ein Glück=Schweinchen werden
sollte, im Wettkampf mit dem ersten besten Reporter
einflicht, daß er dann — wieder ohne Noth — eine
bekannte achtbare Persönlichkeit, allerdings ohne jede
Bosheit, aber doch gewiß ohne jede Legitimation, nament=
lich anführt. In seiner französischen Schule hätte Lindau
lernen können, daß ein solches Vorgehen nicht ganz nett
ist; der Prozeß Duverdy=Zola mußte ihm beweisen, daß
er da ein Recht der Persönlichkeit, das Recht am Namen,
verletzt hatte.

Erst nach dieser Novelle, welche um ihres flotten
Vortrages willen und vielleicht auch wegen der Neugier,
die sie geschickt zu erregen wußte, viel gelesen wurde,
erschien ein Bändchen Lindau'scher Erzählungen, welche
ein Rückschritt gewesen wären, hätte man sie ernst
nehmen müssen. „Toggenburg und andere Ge=

schichten" stand auf dem Umschlag und ein Künstler, ein Techniker des Epos war es nicht, der sie verfaßt hat.

Lindau hat uns in seinen Stücken gern von den Atelier=Geheimnissen der Maler erzählt; er hätte selbst bei den harmlosesten Leinwandverderbern außer wüsten Modell=Geschichten den hohen Ernst vernehmen können, mit dem bildende Künstler den schwierigsten Theil ihrer Aufgabe, die Composition, behandeln. Das ist leider sehr deutsch an Paul Lindau, daß er darin nicht ebenso gewissenhaft ist wie der unbedeutendste Maler.

Gerade die besten Seiten seines Buches geben sich fast als persönliche Mittheilungen des Verfassers; daher einerseits der starke Reiz, den sie als unmittelbare Aeußerungen einer solchen Individualität ausüben, andererseits das arge Mißlingen, so oft dieser Autor mit konventionellen Mitteln zu arbeiten versucht. Von den drei Stücken des neuen Bandes war nur die erste, welche nach neufranzösischer Manier aus der leidigen Titelverlegenheit helfen mußte, eines kritischen Urtheils werth. Ueber den Rest will ich schweigen. Die kleine Pariser Skizze „Henri" schildert in einer sehr hübschen Einleitung Pariser Bohême=Leben, bleibt aber sodann in eitel chronique scandaleuse stecken; noch schwächer ist „Elise", eine sehr traurige Geschichte, von der ich zur Ehre Lindau's annehmen will, daß sie wenigstens wahr ist. Nur wahre Geschichten haben das Vorrecht, dermaßen uninteressant zu sein.

Breiter angelegt und liebevoller ausgeführt ist die Novelle „Toggenburg", in welcher Paul Lindau sein

Bestreben, den Naturalismus der Franzosen unter uns einzubürgern, auf's Neue bethätigt. Man muß dabei durchaus nicht nur an Zola's Richtung denken. Paul Lindau ist zu klug, um denselben Fehler zweimal zu begehen; und so hat er sich diesmal vor allen geschmacklosen Zola'schen Schrullen gehütet und sich (vielleicht unbewußt) mehr an den wahren Vater des Naturalismus gehalten, an den großen Geistverschwender Balzac. Lindau's „Toggenburg" ist natürlicher Weise nicht der alte Ritter, sondern ein junger Nachfolger, der zwanzig Jahre lang auf einer, genau beschriebenen, Bank des Berliner Thiergartens auf die Auserwählte seines Herzens wartet. Die Einführung ist wieder ganz vorzüglich, einzelne photographische Schilderungen Berliner Straßen gelungen, aber wie es ans Zahlen der Zeche gehen soll, da drückt sich der Herr Poet. Es stellt sich nämlich heraus, daß der Held, dessen Lebensschicksal uns anfangs auf eine merkwürdige Lösung vorbereitet, an einer fixen Idee leidet. „Reene verrückt" würde der Kritiker Lindau wohl seinen Helden nennen. Das ist beinahe so, wie wenn uns ein boshafter Mensch ein äußerst schwieriges Räthsel aufgäbe und uns dann eine Weile den Kopf zerbrechen ließe, um schließlich lächelnd mit der Erklärung hervorzutreten: er wüßte die Lösung selber nicht, hätte aber gehofft, sie zufällig von einem der Zuhörer zu erfahren.

Hatte „Herr und Frau Bewer" wenigstens auf ein mittleres Erfindungstalent des Verfassers schließen lassen, so blieb er in diesen Kleinigkeiten so gut wie Alles schuldig; man konnte glauben, er hätte in seiner Noth den Papierkorb umgestürzt.

Und die nächste Arbeit Lindau's, die er selbst bescheidentlich eine „Erzählung" nannte (neben dem exotischen Haupttitel „Mayo"), mußte seine treuesten Freunde stutzig machen.

Wer es dem satirischen Lindau, dem übermodernen und überberlinischen Kritiker, vor einigen Jahren hätte voraussagen dürfen, daß er einmal eine amerikanische Hinterwäldlergeschichte dichten würde! Wer es hätte ahnen können, daß Paul Lindau ein Buch schreiben würde, worin Cooper bei der romantischen Schilderung des halbindianischen Jägers, Gerstäcker bei den geschäftlichen Kreuz- und Querzügen des Helden und Bret Harte bei der Ausführung kleiner, realistischer Partien des Hintergrundes Pathe stehen würde. Und doch ist Lindau hier mit einem besondern Maße zu messen. Er hat ein so zu sagen biographisches Recht darauf, seine amerikanische Novelle zu schreiben.

Er hat als Gast einer Eisenbahn-Aktien-Gesellschaft eine Reise quer durch Nordamerika gemacht; an der Thatsache ist nicht zu zweifeln, da seiner Zeit sehr zahlreiche Zeitungsnotizen die neugierige Welt von den Schicksalen des Reisenden unterhielten und da überdies noch heute in vertrauten Kreisen Photographien umhergehen, welche Lindau und seine Reisebegleiter im Zustande der entsetzlichsten Seekrankheit darstellen. Und wenn wir es nicht ohnedies wüßten, so wäre für einen niemals unfreiwillig komischen Mann wie Paul Lindau schon das Erscheinen dieser Hinterwäldler=Erzählung Beweis genug, daß er die Anregung an der Quelle empfangen hat, daß er also nur eine Art poetischer Rechenschaft über seine Reise geben wollte. Gewiß haben ihn hundert Menschen gebeten, ihnen etwas Abenteuer= liches aus dem Westen zu erzählen. Und da Lindau den Zug nach dem Westen noch nicht im Thiergarten= viertel halten ließ, da ferner das liebe lesende Philister= volk, welches in „Herr und Frau Bewer" nach persön= lichen Anspielungen ausgespäht hatte, nun wieder stoff= lichen Reiz verlangte, so setzte sich der Dichter hin und schrieb „Mayo".

Lindau knüpft auch in der Fabel an „Herr und Frau Bewer" an. Er ist nicht so geschmacklos, jene kleine Geschichte geradezu weiterzuführen; aber er ist doch kokett genug, sein Pärchen diesmal aus dem Be= kanntenkreise seiner früheren Novelle zu nehmen und mit einiger Schalkhaftigkeit über die ferneren Schicksale seiner eigenen Gestalten reden zu lassen. G. v. Moser hat es in „Reif=Reiflingen" genau ebenso gemacht; ein paar große Dichter wie Shakespeare und Balzac zwar ähnlich, aber da erzeugt die Wiederbegrüßung alter Bekannter denn doch einen etwas mächtigeren Eindruck.

Glücklicherweise begrüßt uns in „Mayo" auch noch etwas Anderes, was uns in „Herr und Frau Bewer" lieb geworden ist, und was wohl wichtiger sein dürfte, als die weiteren Lebensschicksale der beiden leichten No= vellenfiguren. Es ist Lindau's schöner Erzählerton, der schon in den frühern Arbeiten anmuthete und hier,

7*

wenigstens in den ersten Kapiteln, die reinste und beste Wirkung vorbereitet. Man hat früher dem Theater=
dichter Lindau oft vorwerfen müssen, daß seine wichtigsten Szenen einen novellistischen Zug hätten; es könnte ihm nun nichts Schlimmeres passiren, als wenn man in seiner Erzählung Talent für das Drama entdeckte. Davon ist aber wirklich ganz und gar nicht die Rede; die Ein= führung in die Novelle geschieht so hübsch ruhig, so frei von aller Manier und aller Maschinerie, als ob Lindau nie etwas Anderes gethan hätte, als erzählen und seinen Stil nach den besten französischen Epikern bilden.

Dieser seltene Vorzug ist für den Verfasser ein um so größeres Glück, als Lindau's Erfindungsgabe, die nur selten mit der wohlgeordneten Feinheit seiner dichterischen Absicht und mit dem Witz des Vortrages gleichen Schritt hält, hier nur noch so sickert. Auch in „Mayo" ist kaum das Problem eines so angesehenen Schriftstellers würdig, die Durchführung zeugt von einer Armuth der Phantasie, welche Lindau oft genug zu verbergen sucht, aber doch eben nur verstecken kann. Auch „Mayo" hat die Eigenthümlichkeit, daß der Inhalt, mit wenigen Worten angedeutet, bedeutender erscheint, als in dem breit ausgeführten Gemälde des Dichters selbst.

Ein Berliner Kavallerie=Offizier, Namens Georg, hat sich im Spiel ruinirt und wandert nach Amerika aus, um Sand zu karren oder sonst eine ehrliche Be= schäftigung zu suchen. Die Kavallerie=Offiziere sind nun einmal so! Auf dem Schiff lernt er ein reiches, aber gut erzogenes Fräulein Noëmi kennen; zur Liebes=

erklärung kommt es nicht. Georg muß erst alle Schrecken und Gefahren eines armen Auswanderers durchmachen, die Lindau übrigens mit überraschendem Reichthum an einzelnen realistischen Zügen zu schildern weiß. In dieser Zeit lernt er das unschuldige Indianerkind Mayo kennen und — wie er sich einbildet — auch lieben. Mayo ihrerseits liebt das Bleichgesicht — Lindau sagt wirklich „den weißen Mann" — und hat nicht übel Lust, ihm in seinen Wigwam zu folgen. Aber bald geht ihnen die Friedenspfeife aus, Mayo macht sich auf die Mokasins, — sie brennt durch. Georg hat durch diese Wilde erfahren, daß er ein civilisirter Mensch ist und sich nur mit „gebildeten" Mädchen amüsiren kann; er verliebt sich daher nun sehr schnell in Noëmi, da er sie wiederfindet, und die arme Mayo bekommt zur Hochzeit des jungen Paares nicht einmal einen Kuppelpelz, um ihre bedeutenden Blößen zu bedecken.

Der Stoff bliebe klein, aber wäre doch sehr kostbar, wenn Lindau es verstanden hätte, den Gegensatz zwischen den beiden Mädchen lebendig werden zu lassen. Aber er spricht seine Absicht nur theoretisch mit dürren Worten aus, anschaulich wird das Bild eigentlich nur in dem einen Gegensatze, daß Mayo die Speisen mit den Händen greift, während Noëmi selbst an einer englischen Wirthstafel Fisch mit Anstand zu speisen verstände. Hier, in dem entgegengesetzten zufälligen Eindruck, den beide Mädchen auf Harry machen, war der Hauptpunkt, wo die einzelnen Beobachtungen reichlich zusammenströmen mußten, und hier greift Lindau die paar Kennzeichen leichthin von der Oberfläche weg. Es würde zu weit führen, auch noch darauf hinzuweisen, daß der Dichter dem armen Indianermädchen ebenso brutales Unrecht thut, wie Georg, wenn er das liebende Mädchen „scherzhaft" mit einem Hundenamen ruft.

Der ruhig schöne Vortrag täuscht — wie gesagt — über manche Mängel hinweg. Aber gerade gegen den Schluß hin, wo die Fehler des Aufbaus am fühlbarsten werden, läßt leider auch die Ruhe des Erzählers nach und der alte übermüthige Lindau verfällt stellenweise wieder in seinen „schnobberigen" Ton. Nun wäre ja gegen eine solche epische Weise an sich durchaus nichts einzuwenden; wir haben neben der Kellerweis', der Heyse= weis' auch eine Raabeweis' und eine Roseggerweis' in unserer Novellenmeistersingerschaft, da könnte ja auch eine „schnobberige Lindauweis'" sich hören lassen. Dann aber dürfte man dem Autor nicht in der ersten Hälfte die Bemühung danken wollen, ohne Manier auszukommen.

Der Epiker darf seine Geschichte gewiß vortragen, wie er will; er darf so unpersönlich bleiben wie ein Ausrufer, und dadurch die homerische Objektivität er= reichen, welche Spielhagen von Andern unaufhörlich ver= langt; oder er darf auf des Lesers Freundschaft bauen und wie George Elliot jeden verqueren Gedanken aus= sprechen, der ihm durch den Kopf fährt; aber er darf nicht in einer und derselben Geschichte aus zwei Ton= arten reden. Das ist, als wenn der Pastor ein Aufgebot mitten während der Predigt verkünden wollte. Wenn Lindau gegen Ende seines Berichts Späße zu machen beginnt, so muß man den klaren Fluß des Eingangs für Nachahmung, für Maskerade halten. Einmal vergleicht der Erzähler die Heldin mit einem „Baby", dann läßt er den Helden Verse aus Heinrich v. Kleist citiren, weil Lindau diesen Dichter mit Recht so gern hat, oder er ulkt sich selber an, indem er an Othello erinnert, nachdem er ein Motto daraus entlehnt hat; endlich muß gar der melancholische Held vollständig im Ton eines lustigen Lindau'schen Feuilletons ausrufen: „Ich habe so selten Gelegenheit, Heldenthaten zu vollbringen! Es gehen so selten Pferde durch, wenn ich dabei bin!"

III.

Von diesen mäßigen Novellen ging Lindau plötzlich zu einem großen Anlauf über. Er veröffentlichte den ersten Band einer Romanreihe, von welcher er uns vorläufig nur verräth, daß sie natürlich „Berlin" heiße und aus ziemlich unzusammenhängenden Theilen bestehen werde. Nach dem Erfolg des ersten Bandes werden die nächsten gewiß in rascher Folge fertig werden; trotzdem muß es gestattet sein, über diese dritte Periode Lindau's schon nach der ersten Probe ein Urtheil zu bilden. Und wenn es wieder die Vorliebe für seine Begabung ist, die keine rechte Zufriedenheit mit dem Werk aufkommen läßt, so scheint mir das die richtigste Kritikerstimmung zu sein. Für den Mann aber muß man immer einige Vorliebe empfinden, sobald man seine ganze und einheitliche Persönlichkeit mit den Leuten vergleicht, die hinter dem Wilde her sind, das er aufgejagt hat.

Paul Lindau hat sich als Bühnen=Schriftsteller von handfesteren Gesellen in die zweite Reihe drängen lassen; aber gerade aus der Entfernung erscheint er als der vornehmere Meister der ungezogenen Schule. Seine ersten Stücke werden heute noch oder wieder aufgeführt und man wird zum Bewunderer der alten Zeit — von vor 10 Jahren —, wenn man just aus einer neuesten Première kommt. Lindau's Feuilletons werden nicht mehr, wie seiner Zeit, allwöchentlich mit Spannung erwartet; aber noch hat keiner wie er die Fähigkeit bewiesen, bei jeder Gelegenheit über das Unwesentliche hübsch zu plaudern und nebenbei das Wesentliche doch oft anzudeuten. Mit seinen Novellen hat Lindau keinen unserer ersten Novellisten erreicht; und doch erregte manche von ihnen fast so viel Antheil, wie ein Band Heyse. Und hätte er nicht regelmäßig den Ernst als überflüssigen Ballast empfunden und ihn bei günstigem Winde über Bord geworfen, er hätte auch als epischer Dichter der deutsche Führer unserer französelnden Realisten werden können. Flott genug segelte sein Schifflein durch die glatten Wasserfluthen unserer Familien=Literatur.

Dem ersten Romane Paul Lindau's, dem ersten Theile der lockeren Romanfolge, war ein ähnliches Schicksal, wie das der Novellen vorauszusagen. „Der Zug nach dem Westen" ist verdientermaßen in den Kreisen der oberen Zehntausend begierig verlangt und rasch gelesen worden, Berlin und was drum und dran hängt hat ein paar Wochen über die ehebrecherische Liebe von Georg und Lolo, über den dummen Gatten und über die vorzüglich gelungene Rivalin Stephanie, über die wirklich dichterisch empfundene Stimmung zwischen den Zwillingschwestern Lolo und Lili, über die höchst unmoralische Verehelichung des liebenden Paares und über das entsetzlich moralische Pech geredet, daß Lolo gerade in dem ersten Kindbett sterben muß.

Aber auch „der Zug nach dem Westen" ist, an Lindau's Begabung gemessen, nicht schön genug. Anmuth und Würde hat Schiller vom Kunstwerke verlangt. Wir mögen das steife Wort nicht; aber ein ernstes Gewicht muß den Schwerpunkt der Anmuth bestimmen, wenn sie dauernd als Kunst wirken will. Und wieder hat Lindau seinen Ballast, das, was man gern die „Idee" des Ganzen nennt, zu früh hinausgeschleudert.

Diese Idee spricht sich deutlich in den fünf Worten des Titels aus, um weiterhin kaum mehr zu Worte zu kommen, oder doch nicht zu Thaten. Die große Bewegung zu schildern, welche alljährlich hundert Familien aus dem alten Berlin des Eisbeins und des Ostend-Theaters in die neue Residenz Dressel's und der Thiergartenstraße lenkt und stößt, das wäre eine lohnende sittengeschichtliche Aufgabe. Auch von einem Dichter wäre sie vielleicht zu fassen, trotzdem Lubliner sie in seinen Stücken mitunter hart gestreift hat. Aber Lindau lacht uns nur aus, wenn wir auf dem Schuldschein bestehen, den der Titel ausgestellt hat. Die eigentliche Handlung hat mit dem Zuge nach dem Westen nichts zu schaffen; wenn Georg in der Koppenstraße geboren

wäre und Lolo in Elberfeld, so würde ihre Liebes=
geschichte auch nicht anders verlaufen.

Der Uebermuth oder die Schwäche, mit der Lindau
eine dichterische Absicht fallen läßt, äußert sich natürlich
sofort an seinen wichtigsten Charakteren. Als ernster
Musikus wird der Held Georg angekündigt und als
leichter, witziger Schwerenöther zeigt er sich bei der ersten
Unterhaltung, der wir zuhören; nicht daß er ein netter
Gesellschafter ist, nehmen wir ihm übel, nur hätte der
Dichter ihn richtig ankündigen müssen. Als Unschuld
vom Osten soll Lolo gelten und betrügt ihren Mann
wie eine Pariserin. Ich habe gegen die Figuren nichts
einzuwenden. Weshalb geben sie aber falsche Visiten=
karten ab? Weshalb legen sie sich einen falschen Adel
bei? Das ist doch strafbar.

Die zahlreichen Nebenfiguren sind größtentheils
scharf gezeichnet. Es galt nur, die vielen Menschen mit=
und gegeneinander arbeiten zu lassen, kurz: das zu
schaffen, was erst ein Roman heißt. Hier ereignete sich
nun, was bei schlechten Dichtern niemals passiert: das
Heikle ist besser gelungen als das Leichte. Wie Lolo
ihren Georg lieben lernt und dann gegenüber dem ortho=
doxen Freunde das heilige Recht ihrer Liebe behauptet,
wie andererseits Stephanie über die Leiche ihres Vaters
hinweg zu ihren gesellschaftlichen Erfolgen schreitet, dessen
hätte sich selbst Balzac nicht zu schämen oder vielmehr:
das vorgedichtet zu haben, dessen hat er sich nicht zu
schämen; aber die kleinen Klammern der Handlung sind
mit unsicherer Hand eingefügt. Damit Georg ganz

überflüssigerweise sich über Stephanie ebenso entsetze, wie der längst eingeweihte Leser, muß der Diener einen Irrthum begehen, der zu einer Othello=Tragödie ausreichen würde. Damit Lolo endlich mit dem Vater ihres Geliebten zusammentreffe, was gar nicht mehr ausbleiben kann, muß eine schlimme Diebstahlsgeschichte weit aus= holend eingreifen.

Bei diesen, für jeden Leser mehr oder weniger empfindlichen Mängeln des Baues wäre die hübsche Wirkung des Ganzen nicht zu erklären ohne den Zauber des Vortrags. Lindau wird in dieser Hinsicht immer noch vielfach unterschätzt; er gibt sich gern bummelhaft, aber er ist dabei ein Meister des Wortes, der an Prägnanz des Ausdrucks unsere jüngsten Sprachmaler und an Flüssigkeit der Sprache unsere ältesten Perioden= bauer übertrifft. Es stammt aus guter französischer Schule, daß Lindau Deutsch zu schreiben versteht. Nur wenige Unarten hat er aus dieser Schule mit herüber= genommen. „Der mit einem Don Juan gefütterte getreue Eckart" und „sich nur mit einem kurzen Stocke wehren", ferner der Herr „Coquardeau" aus Gavarni müssen französisch gedacht sein, um verständlich zu sein. Auch will im Deutschen wenigstens der Mann die Dame nicht „auszeichnen", die ihm gefällt. Neben solchen ausgesprochenen Gallizismen finden sich wieder echte Berolinismen, beide im ruhigen Gange der Erzählung gleich störend.

Die seltenen Anlehnungen an Frankreich lassen sich überdies mit der Absicht vertheidigen, man wolle gute

romanische Redensarten in Deutschland einbürgern.
Schlimmer ist es, wenn Lindau — wie so häufig in
seinen Stücken — die beabsichtigte Stimmung durch eine
Anleihe bei bekannten Dichtungen äußerlich aufsetzt. Er
kann natürlich im Romane nicht gleich das ganze Lied
an den Mond abdrucken. Aber schlau und mit mancherlei
geschickten Wendungen wird die Erinnerung an Wagner's
Nibelungen, an Kleist's Penthesilea, an Goethe's Faust
und an Luther's Trutzlied herangezogen, wenn das Be=
dürfniß nach einem kräftigen Dichterwort oder einer
überhitzten Sentimentalität — Richard Wagner — sich
herausstellt. Lindau hätte an allen diesen Stellen den
Aufwand allein bestreiten können; die wenigen feinen
Züge, in denen das Verhältniß der Zwillingschwestern
gestreift wird, beweisen es. Aber er nimmt es leicht
und ertheilt im entscheidenden Augenblicke seinen be=
rühmten Kollegen das Wort. Er irrt, wenn er glaubt,
daß die Citate für ihn sprechen.

Ich weiß wohl, daß nicht ein Jeder so strenge
denkt; auch muß es dem Dichter unbenommen bleiben,
sich Fremdes anzueignen. Aber im „Aneignen" da liegt
eben das Geheimniß. Unser ganzer Sprachschatz ist
ein Gold, das von unseren Ahnen geprägt worden ist.
Im täglichen Verkehr werden die Worte ruhig mit der
bekannten Prägung ausgegeben und angenommen; hübsche
Citate haben sogar einen höheren Werth. Der Dichter
aber muß, wenn er ein Dichter ist, Worte und Citate
sich durch geistige Arbeit aneignen, sollen sie ihm ge=
hören, wie auch nach dem römischen Recht selbst ein

fremder Silberbecher nach einer Neuschöpfung durch
Künstlerhand zum Eigenthum des Räubers wurde. So
wird der Dichter für jede neue Stimmnng, die ihm
aufgegangen, die Prägungen seiner Vorgänger gar nicht
unverändert brauchen können, weil sie dann noch nicht
sein eigen geworden sind.

Ueber allen kleinen Stimmungen wölbt sich nun
sonnig und klar die eitel rosenfarbene Stimmung des
Ganzen. Lindau hat vor Jahresfrist an dem Berliner
Roman eines mir nahestehenden Autors vor allem die
Bitterkeit und Schwarzseherei tadeln zu müssen geglaubt;
nun hat er der Theorie die optimistische Dichtung selbst
folgen lassen. So oft der alte Satiriker Lindau zu
einer scharfen Linie ansetzt, so oft fährt ihm der neue
Weltmann dazwischen und hat für seine eigenen Hallunken
eine Entschuldigung bei der Hand. Wo man erwartet
hat, daß der Schüler Zola's lachend gegen die Lüge der
Gesellschaft aufstehen wird, da meldet sich ein Jünger
des Dr. Pangloß und ruft: Wenn nicht die beste aller
Welten, so ist sie doch ganz nett, unsere Welt. Anstatt
juvenalisch zu klagen, lobt der Dichter beinahe juvenilisch.
Nun, der jugendlich frische Ton, der jeden Leser erfreuen
muß, ist sicherlich echt; ob der jünglinghafte Glaube an
die gute Natur des Menschen auch ganz echt sei, oder
ob Lindau absichtlich eine rosenrothe Brille aufgesetzt
habe, darüber zu streiten haben die Kritiker kaum das
Recht. Nur der Verdacht darf bescheiden ausgesprochen
werden, daß dem Dichter auch sein Optimismus nicht
völliger Ernst ist; denn immer malt Lindau neben die

Wollust den Teufel. Stephanie, welche die Nachricht vom Tode ihres Vaters unterschlägt, um den Botschafterball besuchen zu können, sieht dort reuig Gespenster; aber diese Erscheinungen sind nur angeflickt. Die schöne Sünderin Lolo, welche nach guter ungeschriebener Moral in zweiter Ehe glücklich wird, muß doch noch am Kindbettfieber sterben — auf Verlangen der geschriebenen Moral, die ja dem Optimismus nahe verwandt ist.

Das aber scheint der großen Begabung und selbstständigen Persönlichkeit Lindau's versagt zu sein: Stellung zu nehmen zu solchen Fragen, zu der tiefsten Bewegung der Geister. Es ist nicht daran zu zweifeln, daß er über diese Dinge zu denken und zu schreiben vermöchte; aber er hat mit ihnen nicht so heiß gerungen, daß es ihm ein Bedürfniß wäre, den Kampf zu Bildern zu gestalten. Solche Aufgaben lösen, vielleicht ohne sie sich klar gestellt zu haben, Keller und Vischer; solche Ausblicke gewährt auch Paul Heyse, an welchen die Schule der Nüchternen doch vielfach anknüpft; Lindau aber wird mit seinen neuen Romanen wenig Bleibendes schaffen, wenn er die enge Nüchternheit seiner Weltanschauung nicht noch zu überwinden vermag.

Daudet und Zola.

I.

Der Weg vom naturalistischen Sturm und Drang zu einem gewaltsamen Klassizismus, von diesem wieder zur Romantik und ihrer nihilistischen Ironie ist in Frankreich fast zur selben Zeit wie in Deutschland beschritten worden, wenn die Gattungsnamen sich auch nicht vollkommen decken. Der Humor aber, welchen die Romantiker immer suchten und von welchem sie schließlich gestürzt wurden, ist den Franzosen ziemlich fremd. Sie haben darum unsrem Keller keinen Ebenbürtigen gegenüberzustellen und sind jetzt bei ihrer nüchternen Schule angelangt, ohne bei sich zu Hause die Romantik zur reifen Frucht gebracht zu haben. Dafür hat ihr Realismus eine Kraft und eine Kunstvollendung erreicht, der in Europa seines Gleichen nicht hat.

Doch seltsam; während der eine der neuesten Führer, während Emile Zola durch Lehre und Beispiel die letzten Ruinen der romantischen Zeit zu zerstören fortfährt, erscheint sein Genosse und einziger Nebenbuhler plötzlich als erster Vertreter deutschen Humors in Paris. Ich weiß wohl, daß es englische Einflüsse sind, welche Alphonse Daudet für uns so germanisch erscheinen lassen; einerlei, die Wirkung ist die, daß Daudet uns kein Fremder ist, daß namentlich seine kleineren, älteren Schriften recht gut neben unseren besten Humoristen stehen können. Er schreibt wie Keller seine Sprache mit vollendeter Anmuth, die mit des Dichters Zügen aus jeder Zeile hervorbricht, aber der Provençale wie der Schweizer ist am stärksten, wenn er seine Heimaths=genossen vornimmt, wenn er im „Tartarin de Taras-con" die südliche Einbildungskraft verspottet, im „Nabob" die gutmüthige Verschwendungssucht, im „Numa Rou-mestan" die Unzuverlässigkeit der Südfranzosen lebendig vorführt; er ist wie Keller am glücklichsten in der Er-findung beschränkter Geschichten; und wenn seinen Ge-stalten die symbolische Weltweite fehlt, welche Gottfried Keller erst zu unsrem Ersten krönt, so müssen wir ihm dafür zugeben, daß er dem Deutschen in hundert Kleinig-keiten an Kunstgefühl überlegen ist. Keller's Persönlich=keit ist größer, aber sie steht dem Werke mitunter trotzig im Wege. Daudet geht ganz in seinem Schaffen auf.

Seit dem großen Erfolge von „Fromont jeune und Risler ainé" hat sich Daudet fast gänzlich dem Schaffen jener breiten Romane zugewandt, welche er selbst Pariser Sittenbilder nennt und welche trotzdem auch Deutschland erobert haben, weil Daudet ein gemüthlicher Dichter im deutschen Sinne und dabei ein Künstler aus der strengen Pariser Schule ist. Er hat seinen ersten preisgekrönten

Roman nur einmal selbst übertroffen, als er im „Nabob" so glücklich war, seinen Helden phantastisch und realistisch, lächerlich und rührend zugleich schildern zu können. Und seine Kraft hat nur einmal versagt, als er sich in „l'Evangeliste" eine gewaltige Aufgabe stellte, die innere Vernichtung eines lieben Menschenkindes durch religiösen Fanatismus; der Ergründung solcher Seelenkämpfe ist der französische Naturalismus nicht gewachsen, der Russe Dostojewski oder einer der Skandinavier nur wäre dazu berufen gewesen.

Hier will ich nicht auf die einzelnen Werke dieses germanischsten Südfranzosen eingehen, sondern nur sein Verhältniß zu der allgemeinen Literaturbewegung fest= zustellen suchen. Zola rechnet den armen Daudet zu den Seinen, und auch mancher deutsche Angstmeier, der unsere Dichter gern auf das Dogma der kinderbringenden Störche verpflichten möchte, wirft die beiden in einen und denselben Höllenpfuhl. Eine ärgere Verkennung des Wesentlichen ist kaum denkbar. Der Streit um den Naturalismus ist eine Angelegenheit der Kunst; also ist nur die Form für das Urtheil maßgebend, der Stoff jedoch nur insofern, als der Naturalismus durch seine Grundsätze leicht zu eklen Stoffen geführt wird. An sich läßt sich auch ein Schmetterlingsflügel natura= listisch beschreiben.

Was aber namentlich die deutschen Beurtheiler irre führt, Daudet's Unbefangenheit gegenüber menschlichen Geschlechtsverhältnissen, das ist nicht naturalistisch, nicht modern, nicht unsittlich, sondern gut romanisch. Darin

ist Daudet ein richtiger Gallier, Zola ein Pedant ohne
Spur einer heimatlichen Mundart. Nirgends wird das
deutlicher als in Daudet's letztem Pariser Roman, der
„Sappho", wo der Stoff, sicherlich im Wettbewerb mit
den Naturalisten, über das hinausgeht, was zu denken
oder zu dichten einem Deutschen von selbst einfallen
würde.

Es läßt sich nicht leugnen, daß Daudet uns da
wirklich in die schlechteste Gesellschaft bringt, eine Gesell=
schaft von Damen, für welche die richtige Bezeichnung
wohl häufig im Shakespeare, ab und zu auch in Goethes
Faust, niemals aber in dem Sprachschatz eines gebildeten
Feuilletonschreibers zu finden ist. Ein Prachtstück aus
dieser Welt wird hier mit nicht geringerer Sachkenntniß
als in Zola's „Nana" beschrieben. Nur daß der künst=
lerische Standpunkt ein ganz anderer wird, weil für den
echten Künstler der sittliche Werth des Stoffes ganz
gleichgiltig ist; auch der Kindesmord ist keine ehrenwerthe
Handlung, und doch ist es ein großer Unterschied, ob
man ihn, wie Zola und andere Verbrecherinnen, gewerbs=
mäßig treibt, oder ob der Dichter ihn zum Motiv einer
Tragödie macht.

Abgesehen von unfaßbaren Nebentönen, zu denen
wohl nur der Name der griechischen Dichterin verführt
hat, könnte man Daudet's Werk recht gut sogar einen
moralischen Roman nennen. Es ist verdienstvoll und
doppelt verdienstvoll von einem Franzosen, gegen die
schwindsüchtige Romantik der Kameliendame, die nun seit
mehr als dreißig Jahren auf allen europäischen Bühnen

hustet, mit Wahrheit und Natur anzukämpfen. Seit dreißig Jahren, ja noch länger, seit den Romanen von Eugen Sue, will man uns einreden, daß die Pariser Grisette das edelste Wesen Frankreichs, der Liebhaber jedoch unter allen Umständen ein schlechter Kerl sei. Seit dreißig Jahren wird die für ihre Freundlichkeit bezahlte Kameliendame zur Idealgestalt erhoben, und so ist es kein Wunder, daß dieses Ideal in Kleidung, Sprechweise und oft auch im Empfinden gerade in solchen Kreisen (auch in Deutschland) nachgeahmt wird, die sich gern für unzugänglich halten lassen.

Doch — wie gesagt — der Standpunkt des Kritikers, der Standpunkt des Künstlers hat mit sittlichen Fragen wenig zu schaffen. Es handelt sich nur darum: ist der Stoff künstlerisch brauchbar, und hat der Dichter ihn auch zu formen verstanden.

Nun könnte man allerdings manches dagegen sagen, daß Daudet das Entsetzliche der Trennung zweier Menschen, welche Jahre lang ihre Gewohnheiten, ihr Empfinden und ihr Denken nacheinander umgemodelt haben, recht gut hätte darstellen können, ohne daß das Weib ein so wohlfeiles Geschöpf zu sein brauchte. Aber es ist doch besser, wir besitzen diese Studie so wie sie ist, als gar nicht.

Der Inhalt ist einfach genug. Der Student Jean lernt bei einem Feste Fräulein Fanny kennen, ein Modell, das nach einander von allen berühmten Pariser Künstlern und Dichtern geliebt worden ist. Ein großer Bildhauer hat nach ihrem Körper schon vor zwanzig Jahren eine Figur der Sappho gebildet; daher der Beiname, unter welchem sie im galanten Paris bekannt ist. Jean findet Gefallen an ihrer Liebe. Er duldet sie gern um sich; er gestattet ihr, zu ihm zu übersiedeln und am Ende führen sie eine wilde Ehe, wie es deren in Paris eben unzählige und offenkundige giebt. Ein Zufall lehrt den Studenten ihre ganze schmutzige Vergangenheit kennen; aber der lächerliche Stolz darauf, daß so berühmte Leute seine Fanny geliebt haben, bindet ihn noch fester an sie. Endlich wird er der alternden, albernen, rohen Frau überdrüssig, er verliebt sich sehr ernsthaft in eine junge Anfängerin, das bekannte unschuldige Mädchen der französischen Poesie, und schon um der Heirath willen entschließt er sich, mit Sappho zu brechen. In einer gewaltigen Szene, mitten im Walde, wo Niemand ihre Klagen hören kann, giebt er ihr ihren Abschied. Wirklich bleibt er einige Wochen lang hart. Aber das erste Wiedersehen mit diesem Weibe, das ohne Liebe seine Sinne gefangen genommen hat, entscheidet über sein Schicksal. Er verzichtet auf das geliebte Mädchen, er ladet den Fluch seiner Familie auf sich, um mit der Sappho auswandern zu können. Da — im Hafen kommt ein Absagebrief von ihr: ein entlassener Sträfling, der ihretwegen zum Verbrecher wurde und sie jetzt noch mit Aufopferung liebt, bietet ihr die Versorgung, nach der allein sie sich sehnte.

Dieser Absagebrief, welcher den Roman freilich in zu bitterer Stimmung abschließt, ist ein kleines Meisterstück; doch kein geringeres, als der furchtbare Abschied im Walde oder als die lustige Damengesellschaft in

Sapphos Kreise. Solche intime Schilderungen sind
jedoch von jeher Daudets Stärke gewesen, und er ver=
dient bezüglich derselben nur das Lob, daß er von Buch
zu Buch in der Kunst fortschreitet, die Schilderung der
Technik der Erzählung unterzuordnen. Früher malte er
häufig ein Stillleben um seiner selbst willen; jetzt füllt
das Stillleben nur noch den Hintergrund und giebt die
Stimmung für die handelnden Menschen im Vorder=
grunde.

Sicherlich werden die meisten Leser des Romans
mit dem Einwurf kommen, der junge Jean sei kein all=
gemein giltiger Typus, er sei eine Ausnahme und des=
halb stimme das Rechenexempel nicht. Es ist wahr,
nicht Jedermanns Sache ist es, einem Nebenbuhler des=
halb den Hof zu machen, weil er zufällig Träger eines
großen Namens ist; nicht Jedermann wird einer keifenden
Straßendirne gegenüber ein schwacher, mitleidiger Mensch
bleiben. Aber Daudet selbst hat diesen Mangel wohl
gefühlt und mit feinster Kunst nachgeholfen. Es galt
zu zeigen, daß der Fall der Sappho nicht die Regel ist,
und da wurden denn in die einfache Fabel des Romans
zwei ergänzende Geschichten hineinverflochten, welche mit
der Hauptgeschichte zusammen so ziemlich das Motiv er=
schöpfen. Die eine dieser Nebenhandlungen, vielleicht der
geistreichste Theil des Buches, schließt traurig genug mit
dem Selbstmorde der beiden Liebesleute, die mit einander,
dem allzu klugen Grundsatze „pas de lendemain"
folgend, gebrochen haben; die andere wird wieder
von einem köstlichen Südfranzosen erzählt und giebt

das belehrende Beispiel von einer Alltagstrauung, die vielleicht für einen komischen Roman, nicht aber für die ernste „Sappho" den Hauptstoff liefern konnte. Bewunderungswürdig ist es, wie diese beiden Specialfälle nicht blos den Horizont des Romans ausweiten, sondern auch lebendig in die Stimmung und in die Entschlüsse des jungen Helden eingreifen.

Daudet bestimmt seine „Sappho" in der Widmung für seine Söhne, „wenn sie zwanzig Jahr alt sein werden"; er spricht damit deutlich aus, daß er sein Werk für ein solches hält, das junge Leute mit Nutzen lesen können. Wir in Deutschland haben vor diesem Zugeständniß ein gelindes Entsetzen über die Nacktheiten der Sprache zu überwinden. So weit aber ein Ausländer darüber urtheilen kann, glaube ich: Daudet unterscheidet sich auch darin aufs Vornehmste von Zola, daß er selbst mit den Worten die Grenze des Erlaubten niemals überschreitet.

II.

Zola, der Papst des Naturalismus, der Unfehlbare, ist nicht gleich mit dem Fanatismus aufgetreten, den er jetzt bekennt oder heuchelt. Seine ersten Romane gingen in revolutionärer Kraft lange nicht so weit, wie die großen Schöpfungen Balzacs, in Verhöhnung des Philisteriums nicht einmal bis zu dem überlegenen Lachen Flaubert's. Es war französisches Mittelgut: zwischen sentimentalen Plaudereien und vorzüglichen Rezensionen bald anregende, bald platte Romane. Plötzlich gelang ihm, es war der 7. Band seiner Sammlung „Les Rougon-Macquart", sein Meisterwerk, das „Assommoir". Auch der Widerstrebende mußte zugeben, daß hier ein Auge von unvergleichlicher Schärfe wie der Apparat eines Photographen arbeitete und von einer Sprachkraft ersten Ranges unterstützt wurde. Daß Zola in seiner Theorie ganz bilettantenhaft die Aufgaben der Wissenschaft mit denen der Poesie verwechselte, konnte bei solcher Kunst der Ausführung übersehen werden; daß Zola auch nicht den Schimmer von Humor zeigte, mußte ihn - so glaubten wir - zu der pathetischen Gewalt eines Juvenalis erheben; daß er das Widrige heller als nothwendig zu beleuchten liebte, konnte für Trotz gelten.

Dann kam die „Nana". Alles Widerwärtige war darin gesteigert; aber die Tatze des starken Löwen war zu erkennen und in dem gewaltigen Schlußkapitel war der römische Satiriker wirklich vernehmbar geworden. Nicht nur in Frankreich, auch bei uns, bildete sich eine redliche Zola-Gemeinde, die sich mit Recht um die Heerde der geilen Nana-Leser nicht bekümmerte.

Da kam der erste Rückschlag mit „Pot-bouille".

Ein unsäglicher Ekel vor dem Helden verhinderte, die scharfe Beobachtungsgabe Zolas würdigen zu können. Und zu dem Ekel gesellte sich eine bleierne Langeweile, welche aus diesem Buche athmete.

Und ich kann den sogenannten moralischen Standpunkt, der hier im Grunde nur der der gesunden Sinnlichkeit ist, nicht ganz verlassen.

„Pot-bouille" („Spülicht" wäre vielleicht eine gute

Uebersetzung) steht in jeder Beziehung tief unter den früheren Romanen Zola's. Sogar äußerlich war es zu spüren, daß Zola die Fühlung zu seinem früheren Schaffen verloren hatte. Die Familie Rougon-Macquart, deren histoire naturelle et sociale er zu erzählen versprochen hat, ist in diesem Krötenknäuel kaum wiederzufinden. Der Kommis, der aus Plassans nach Paris kommt, um allen Schürzen nachzujagen, und der sich seiner Verwandtschaft mit der ganzen Verbrechergesellschaft rühmen könnte, ist doch ein gar zu erbärmlicher, leerer Geselle, als daß uns seine Geschichte im Mindesten interessieren könnte. Und wie mit dieser Figur geht's mit den andern. Zola schreibt die Geschichte eines Hauses und nicht die von Menschen. Alle zehn Parteien einer Pariser Dutzendkaserne werden uns vorgeführt; wir werden vom Verfasser durch alle Wohnräume geleitet, durch alle, vom Boden durch die hintersten Gemächer bis zum Keller, wir lernen alle Gerüche kennen, wir wissen am Ende den Geschmack des Mülleimers von dem der verdorbenen Fische zu unterscheiden, wir schauen hinter alle Thüren, wir belauschen die Dienstmädchen. Und überall sehen, hören und riechen wir dasselbe. Wenn Zola nicht ein so schlauer Spekulant wäre, man müßte ihn für einen Wahnsinnigen halten, dessen Gehirn nichts mehr vorzustellen vermag, als das Eine, wovon man nicht spricht.

„Wovon man nicht spricht!"

Aber es ist vielleicht eine Heuchelei, daß man nicht davon spricht. Es ist vielleicht dem großen Prinzip des Naturalismus gestattet, die alten Schranken der Kunst zu durchbrechen und ein großes neues Feld zu eröffnen. Es ist vielleicht doch unkünstlerisch, sich um den Stoff zu bekümmern.

Gemach. Alles hat schließlich seine Grenzen, sagt Horaz, der doch auch kein Tartüffe war. Es ist einfach nicht wahr, daß die Welt so aussieht, wie Zola sie schildert. Die Elemente sind vorhanden, ja, aber einen so großen Haufen ununterbrochenen, ungemischten, parfümirten Schmutzes giebt es nicht. Dieser Schmutz ist dichterische Phantasie, so gut Phantasie wie etwa die geleckten Schäfer und Schäferinnen einer Geßnerschen Idylle. In der Wirklichkeit findet sich weder das eine noch das andere Bild; und wenn schon gelogen werden muß, dann ist mir doch wahrhaftig noch die dumme Lüge lieber, welche anmuthig ist. „Ihr Liebhaber von Zola habt keine Nasen", möchte man beinahe mit Carlos ausrufen.

„Pot-Bouille" mußte dem Naturalismus als Prinzip großen Schaden zufügen. Wenn Zola selbst gezwungen ist, Unmögliches und Unwahres zu erzählen, weil er sonst seine Wirkungen nicht mehr steigern könnte, wenn er trotzdem Langeweile erzeugt anstatt Aufregung, so muß er umkehren oder fallen. Es ist nur zu bedauern, daß dabei der echte poetische Realismus mit verantwortlich gemacht wurde und die lautesten Gegner des Naturalismus, die Romantiker, triumphirten. Und doch beweist die Tollheit des Naturalismus nichts gegen den Realismus. Zola führt uns, wenn er ein Pferd malen soll, das bekannte Lazarethpferd vor, das alle möglichen Roßkrankheiten zum Zwecke des Studiums in seinem armen Körper vereinigt. Wenn wir die Augen abwenden, so ruft er in heiligem Zorn: „Seht euch doch auf der Straße um, betrachtet doch die alten Droschkengäule, die vorüberhinken. Kein gesundes Pferd darunter! Alle gehören sie in die Abdeckerei!" Und doch ist das Lazarethpferd eine Erfindung, ein Ideal, wenn man so will; denn ein Thier, welches so viele Todesursachen vereinigte, müßte längst todt und verwest sein — wie denn auch die Gestalten Zolas halb verwest sind. Wenn nun die sogenannten Idealisten kommen und uns ein Flügelroß aufzeichnen und verlangen, daß wir in ihrem Pegasus das wahre Urbild aller Rosse sehen sollen, so scheinen sie dem Lazarethpferd gegenüber Recht zu haben, wie auch dieses ihnen gegenüber berechtigt ist. Denn der Pegasus mit seinen angeklebten Flügeln ist im Zeitalter der Anatomie ebenso unmöglich.

Es giebt eben noch ein Drittes. Das Pferd, welches Schlüter für das Denkmal des großen Kurfürsten modellirt hat, besitzt weder Gebrechen noch Flügel und ist doch ein Geschöpf der Phantasie, ist ein Kunstwerk.

Zola ist in einem gewissen Sinne farbenblind. Er sieht nur die kalten Farben — wenn man so sagen darf — und dadurch schon wird sein Bild unwahr. Seine Netzhaut ist für das Schöne unempfindlich, darum hält er seine Anhäufung des Scheußlichen für Natur.

Und zweitens und schlimmstens: Zola hat in diesem Werke seinem gläubigsten Anhänger bewiesen, was uns längst bekannt war, daß er keinen Humor hat, nicht den

germanischen wehmüthigen Humor, aber auch nicht eine
Spur von der alten berühmten französischen Lustigkeit,
die allein seine Werke auf die Zukunft zu bringen ver=
möchte. Man lechzt förmlich nach einem Einfall, über
den man lachen könnte. Aber Zola schreitet feierlich
einher, wie ein Hoherpriester des Häßlichen und macht
die Honneurs des Schmutzes. Selbst dann, wenn sich
einmal eine tief=komische Beziehung von selbst ergiebt,
und nur ein lustiger Ton angeschlagen zu werden braucht,
um den Leser mitzureißen, da versagt dem Verfasser
dieser Ton. Der herrliche gallische Uebermuth, der
Stolz der Franzosen, ist hier verloren gegangen; ein
galliger Unmuth ist an seine Stelle getreten, die trüb=
selige Grimasse eines Rechthabers, der durch die Welt
wandert und noch nie ein frohes Kindeslächeln geschaut
oder erweckt hat.

In den besten Theilen seines großen Rattenkönigs
von Romanen hatte Zola nicht nur die noch jugendlichen
oder schon kindischen Näscher durch eine Fülle des Häß=
lichen befriedigt, sondern auch den Kunstfreund oft genug
zur Anerkennung gezwungen durch die Macht seiner
Schilderung, noch mehr durch die Einfachheit und Einheit
des Aufbaus. Und doch mußte schon damals bemerkt
werden, daß die Wirkung auf die Masse allein von den
pornographischen Neigungen Zolas ausging, während die
edelsten Vorzüge von seinem Publikum als Fehler
empfunden wurden. Man stürzte sich mit gierigen Augen
auf jeden schmutzigen Handel der Nana, beklagte aber,
daß die Handlung nicht reich genug sei; man fand mit

überreizten Sinnen jedes wüste Wort des „Assommoir" geschmackvoll, hätte aber in diesem breiten Gemälde vom Niedergang und Fall eines Weibes mehr Abwechselung gewünscht. Zola, dem die eigentlich dichterische Phantasie, die Lust zum Fabuliren, fast gänzlich mangelt, war klug genug, aus der Noth eine Tugend zu machen und bei seinen knapp umrissenen Erfindungen zu bleiben. Innerhalb derselben drohte jedoch sein gewaltiges Darstellungsvermögen langsam zur Schablone herabzusinken, sei es, weil seine Kraft, sei es, weil sein Fleiß nachgelassen hatte, und da die unmenschlichen Dinge ebenso ein Maß haben, wie die menschlichen, konnte seine Unfläthigkeit nicht mehr das in der Nana erreichte Maximum überschreiten. In „Pot-bouille" war sie noch erklecklich genug, um den Leser im besten Gähnen zu unterbrechen, in „Au Bonheur des Dames", war der Kitzel nur selten angewandt worden, und laut hörbar brach die durch elf Bände langsam genährte Langeweile in einem ungeheuren Gähnen sich Bahn.

Man braucht nur einen dünnen Faden abzureißen, um diesen Roman für sich allein betrachten zu können. Die Zugehörigkeit zu dem prunkvollen Gesammttitel „Les Rougon-Macquart, histoire naturelle et sociale d'une famille sous le second empire", ist nur noch eine geschäftliche Buchhändlerpraxis, wie umgekehrt der Stallmeister in einer Reitbahn seinen Pferden nach einigen Jahren immer neue Namen giebt, damit die Reiter das Alter der Thiere vergessen. Die Geschichte, wie Monsieur Octave, ein sehr tüchtiger Kommis, zum

Chef des größten Modewaaren-Magazins von Paris und schließlich zum Gemahl des Fräulein Dénise, einer sehr tüchtigen Konfektionsdame, wird, hat ja wieder in vollem Maße den Vorzug der Einfachheit, aber wenn man mir zumuthet, mich für dieses arbeitsame Pärchen zu interessiren, so empört sich etwas dagegen. Die Leute, mit denen ich in Büchern verkehren will, müssen weder gebildet noch geistreich sein; ich verzichte meinetwegen auch auf hervorragende Eigenschaften des Herzens, aber irgend ein Zug ihres Wesens muß sie aus der Fabrikswaare der Natur herausheben, muß sie als Individuen erkennbar machen, wenn ich 521 enggedruckte Seiten lang bei ihnen aushalten soll. „Au Bonheur des Dames" benützt die Menschen als Staffage eines Stilllebens von Weißwaaren, sowie sie in einem der früheren Werke zur Staffage eines Wurstladens dienten; das Stillleben ist hier wie dort meisterhaft getroffen, — so müßte ein Maler urtheilen.

In jedem seiner Bücher beinahe hat Zola irgend so ein malerisches Objekt, in dessen wortreicher Beschreibung er glänzt. Es ist nun merkwürdig, daß der Gemüse- und Fleischmarkt im „Ventre de Paris", der üppige Park in „La Faute de l'Abbé Mouret", die Schnapsbude im „Assommoir", das Pariser Häusergewimmel in „La Curée", das wilde Boudoir in „Nana", der Küchenunrath in „Pot-Bouille" und endlich die große Symphonie von Spitzen in „Au Bonheur des Dames", genau mit denselben Mittelchen geschildert werden. Es ist immer dieselbe trockene Aufzählung gleichgiltiger

Einzelheiten, dieselbe geizige Verwerthung aller Notizen, die schließlich, wenn das Lesen zu ermüden beginnt, in ein phantastisch-lärmendes, geschickt gesteigertes Wortgewimmel ausklingt, wie eine richtige italienische Ouverture in ihre Coda. Und nicht allein bei einer Vergleichung der verschiedenen Bücher entdeckt man die Schablonenhaftigkeit des Naturalismus, nein, auch in jedem einzelnen Werke äußert sich die Armuth der Einbildungskraft in der lästigen Wiederholung desselben Bildes. So vergleicht er das Leben in dem großen Waarenmagazin, dem Helden seines neuen Romans, einmal mit einer riesigen Dampfmaschine, ihren Rädern und Hebeln, was kein neuer, aber immer ein guter Vergleich ist. So oft er aber die Stimmung erzeugen will, welche für dieses Buch charakteristisch sein soll, ebenso oft kommt der geistreiche Autor oder eine seiner dummen Personen mit dem Dampfmaschinenvergleich, der so von einem Ende des Buches zum andern hinkt und dabei natürlich viel von seiner Frische einbüßt.

Bei manchen Verehrerinnen Zola's war das neue Buch wenig geschätzt, weil es angeblich ihre weitgehenden Ansprüche an Unanständigkeit nicht befriedigte. Sie thaten Unrecht daran, sich abschrecken zu lassen; es kommen immer noch Wendungen vor, welche gebildete Männer, wenn sie nach einem guten Diner im Rauchzimmer unter sich sind, in den Mund zu nehmen sich scheuen würden; aber solche Ausdrücke sind diesmal nicht der Hauptreiz gewesen, sie sind blos das kleine Gaunerzeichen, mit welchem sich Zola für seine Freunde zu erkennen giebt.

Dem nächsten Buche war es vorbehalten, die Physiologie des Geschlechtslebens vollständig in die schöne Literatur einzuführen. „Die Lebensfreude", la Joie de Vivre, so nannte der tiefsinnige Autor sein Werk und wenn er bildnerischen Schmuck für seine Schriften lieben würde, so müßte eine Hebeamme auf dem Titelblatt zu sehen sein.

Der Roman sollte uns eigentlich durch einen Nebenumstand angenehm berühren. Zola scheint uns in den letzten Jahren die Ehre erwiesen zu haben, ein paar Bücher über Deutschland zu lesen. Wir lernen einen französischen Wagnerianer kennen, wir hören einmal von Werther sprechen und wir winden uns kaum mehr von Citaten aus Schopenhauer los, den Zola offenbar aus zweiter Hand recht gut kennen gelernt hat. Der negative Held des Romans ist Schopenhauerianer; die Heldin, die Vertreterin der Lebensfreude, macht sich weiblich über den Pessimismus lustig, so daß man glauben sollte, Zola wolle auch seinerseits dagegen Partei ergreifen. Aber am Ende scheint es, daß der Titel des Buches nur ironisch gemeint ist und Zola, was weiter kein Unglück wäre, ganz wild die schlechteste der Welten predigt.

Muß aber diese Lehre durchaus mit dem schlechtesten der Bücher verbreitet werden? Sollen wir Deutsche, und unter uns leider gerade die gebildete Gesellschaft, den Naturalismus willkommen heißen, weil er sich der deutschen Philosophie und Kunst zu nähern sucht? Wir vor

Allen hätten Ursache, auf den wüsten Fuselrausch des heutigen Naturalismus vornehm herabzusehen; denn unsere Literatur hat ihre große naturalistische Revolution, zum Theil auf Anregung der Franzosen, bereits vor hundert Jahren durchgemacht, als die Franzosen selbst, trotz Voltaire und Diderot, in ihren Reformen bei Philosophie und Politik stehen blieben. Und unsere großen Rebellen waren keine Fuselhändler wie Zola; es waren die Jünglinge Goethe und Schiller, und ihre Werke hießen „Götz" und die „Räuber", und anstatt den großen Erfolg kaufmännisch auszubeuten, mußten sich beide redlich, durch klassischen Idealismus hindurch zu einem neuen Stile des Realismus zu gelangen. Wenn sie irrten, so hießen ihre Irrthümer: Hermann und Dorothea und Wilhelm Tell. Und da will man uns hundert Jahre später einen Zola als Lehrer aufdrängen!

Die Vorliebe für Zola, auch unter unseren feineren Literaturkennern, ist so groß, daß man in den Verdacht der Prüderie kommt, so oft man über Zola in Zorn geräth. Natürlich liegt mir nichts ferner, als die Furcht vor Stoffen, die junge Mädchen nicht im Gespräch behandeln dürfen. Man bewundere offen Balzac, den großen Vorgänger, und belache herzlich Maupassant, den lustigen Schüler Zolas. Aber mit diesem selbst in seinen Pfützen herumzuwaten, das macht doch kein Vergnügen.

Da der Stoff einer Dichtung für ihren Werth ganz gleichgiltig sein soll, wollen wir vorerst diesen bei Seite lassen und den Freuden-Roman auf seine Kunstform ansehen. Nun geben selbst die eingeschworenen Verehrer

Zolas zu, daß dieser Meister keine spannende Handlung zu erfinden, nicht durch eine gute Fabel zu fesseln vermag. So zusammenhanglos, so brutal unkünstlerisch wie in „Die Lebensfreude", hat er aber bis dahin nie geschrieben. Wir lernen ein junges Mädchen mit allen physiologischen Erscheinungen ihrer Entwickelung kennen, eine Unglückliche, die von ihren Verwandten erst um ihr Geld, dann um ihre Liebe gebracht wird. Ihr Geliebter ist die Charakterlosigkeit in Person und gestattet dem Autor, ihn ganz willkürlich seine Absichten ändern zu lassen, so daß die letzte nothwendige Einheit, die Einheit des Wollens, beim Helden verloren geht; er ist einfach wahnsinnig, ohne daß er aber als ein Wahnsinniger eingeführt würde. Noch willkürlicher springt der Autor mit den Nebenpersonen um; die böse Mutter, von deren Krankheit wir vorher nie etwas gehört haben, wird plötzlich mittelst Wassersucht aus dem Wege geräumt; die alte Köchin hängt sich auf, weil sie für eine Henne ein paar Pfennig zu viel gezahlt hat; und die Frau des Helden, deren Tod wir ein langes Kapitel hindurch ganz bestimmt erwarten, wird durch eine glückliche Operation des Arztes gerettet. Das Alles mag ja im Leben vorkommen; wenn aber Erwartung und Lösung beim Leser nicht in ein gehöriges Verhältniß gebracht wird, so entsteht aus den zufällig beobachteten Vorkommnissen niemals ein Roman. Es geht mit Zolas Gestalten wie mit den Geburten der wahrscheinlich symbolischen Katze in „Die Lebensfreude"; jedes halbe Jahr wirft sie ein paar Junge, die hierauf ins Wasser geworfen werden und von denen nicht mehr die Rede ist. Es ist ein langweiliges Nacheinander, das in keiner innern Verbindung steht und darum keine Erinnerung zurückläßt.

Der einzige Zauber, den Zola in „Lebensfreude" zu üben vermag, ist für ein hysterisches Geschlecht bestimmt. Er gefällt sich darin, den Kitzel auf überreizte Gemüther nicht mehr durch obscöne, sondern durch unendliche anatomisch=pathologische Bilder zu versuchen. Das Ekelhafte, zum Prinzip erhoben, wirkt nicht erfreulich. Man soll einst ein Gerippe als memento mori zum Festmahl gebracht haben; daß man aber den Gästen Moder vorgesetzt habe, davon war bis Zola nichts zu hören. Die ausführliche Beschreibung der Wassersucht, der Gicht, einer schwierigen Entbindung, eines an Urämie verendenden Hundes, — das füllt im Wesentlichen den Roman, die lebendigen Menschen werden nur geduldet.

Und Zola plätschert in seinem Element nicht einmal mit Behagen; er ist mehr als je Pedant.

Wir aber, die wir uns Pedanterie nicht einmal dort gefallen lassen wollen, wo sie sich eines edlen Stoffes bemächtigt, wir wollen auch den Pedanten des Schmutzes nicht dulden. Wir lehnen pedantische Gelehrsamkeit ab, wir hassen pedantische Tugend, nun so werden wir wohl auch ein Recht dazu haben, pedantischen Dreck zu hassen.

Es kann nicht oft genug wiederholt werden, daß nicht sein ungeheueres Talent, nicht seine bedeutende Künstlerschaft Zolas Erfolge bei der Masse geschaffen haben, sondern seine gefälligen Eigenschaften, die er mit den schlimmsten Erzeugnissen der Kolportage gemein hat. Man hat diese Lieblingsbücher der Gesindestube mit dem Namen Hintertreppenliteratur belegt. Zola hat eine andere Art von Hintertreppenliteratur geschaffen. Er kennt die Gefühle der Vordertreppe nicht mehr. Er schleppt auf der Hintertreppe mit den Bedienten alle Bedürfnisse des täglichen Lebens hinauf, er begleitet die Abfälle wieder hinab, er lauscht an den Schlüssellöchern aller Stockwerke, er sieht und hört mit den Sinnen eines Kammerdieners oder -jägers und hat darüber völlig vergessen, daß in der guten Stube der herrschaftlichen Wohnung vielleicht doch ein Mann oder eine Frau sitzen kann, deren inneres Leben nicht durch die alltäglichen Bedürfnisse ausgefüllt wird.

Gewiß, der Koth bildet auf Erden die größere Masse. Aber die Natur, nach welcher der Naturalismus sich nennt, bedeckt ihn gnädig mit einem freundlichen Pflanzenwuchs. Andere Dichter sehen auf dem Mistbeet die Blume allein; Zola sackt säuberlich den Mist ein und läßt die Blume liegen.

III.

Gerade die Unliterarischen unter meinen Bekannten erklärten mir gar oft heuchlerisch ihre Zustimmung und lasen dann mit gierigen Augen weiter in den Büchern, in denen sie allein die Zote begreifen und deren glänzende Vorzüge sie kaum zu würdigen wissen. Unter den Kollegen und Buchfreunden dagegen giebt es viele, welche mir mündlich, schriftlich und wohl auch in ihren gedruckten Aufsätzen Fehde ansagten, weil ich mich nach Kräften gegen die Invasion dieses französischen Naturalisten wehrte und fast einem Schutzzoll wie gegen das andere ausländische Borstenvieh nicht abgeneigt wäre.

Das scheint nun sehr traurig; und wenn ich die Stimmen der Gegner wäge, so müßte ich eigentlich von der Fruchtlosigkeit meiner Bemühungen überzeugt werden, um so mehr, als hervorragende deutsche Schriftsteller mit mehr oder weniger Keckheit aus Zolas Schule zu schwatzen beginnen. Und noch mehr: unter den Verehrern Zolas finden sich auch die teutschesten der Deutschen, die sonst geneigt sind, jeden Höbur für einen Ausländer zu erklären und jeden Ausländer für einen Höbur zu halten. Die eifrigsten Wagnerianer sind zugleich Zolaisten, was mir nicht gar zu verwunderlich ist; aber auch die kleine Schaar, welche mit einigem Recht in den Skandinaviern die Vorläufer oder die Vollender einer neuen großen germanischen Literatur erblickt, nennt Ibsen und Zola in einem Athem, und ist bereit, an den großen patriotischen Festen ein gesalzenes Schwein anstatt eines goldenen wilden Ebers auf den Altar des Vaterlandes niederzulegen.

Ich will nur gestehen, daß mein lebhafter Zola-Haß wohl gegen seine deutschen Vertheidiger und seine französischen Nachahmer Stand hält, nicht aber immer gegen die Kraft des Meisters selbst. Jedesmal wirkt seine neue Schöpfung im Anfang überwältigend, und erst wenn der von allen Seiten niedersickernde Schmutz sich so verdichtet hat, daß man knöcheltief im Dreck zu waten genöthigt ist, erst dann zwingt Zola, seinen Weg zu verlassen, erst dann steigt langsam eine Uebligkeit zu Herz und Kopf empor, die alle Bewunderung erstickt, wie die Seekrankheit uns unerbittlich um alle Schönheiten des bewegten Meeres bringt.

Sein großer Roman „Germinal" erregt diese Bewunderung und diese Seekrankheit in ganz besonders hohem Maße. Nachdem Zola in seinen letzten drei Romanen den Quark seiner widerlichen Stoffe bis zur Langweiligkeit breit getreten und wohl selbst sein treues Cocottenpublikum abgeschreckt hatte, faßte er diesmal wieder mit starker Hand einen bedeutenden Gegenstand wie in seinem „Assommoir" und bewies wieder seine unerhörte Fähigkeit, das tausendgestaltige Leben mit mikroskopischen Augen zu sehen und mit verblüffender Anschaulichkeit der Sprache zu schildern. „Germinal", worin er mit äußerster Breite die Arbeitseinstellung in einem Kohlenbergwerke und ihre Folgen erzählt, hätte vielleicht der werthvollste unter den vielen Bänden werden können, denen der bessern Verkäuflichkeit wegen der immer wesenloser werdende Gesammttitel: „Les Rougon-Macquart" geblieben ist. Noch niemals war Zola so modern und keines seiner Bücher hätte eine größere Anwartschaft auf vieljährigen Ruhm, als dieses, wenn nicht wieder alles Herrliche und Mannhafte seiner ungeschwächten Kunst schließlich unterginge unter dem Morast seiner unfläthigen Bilder.

Die Frage ist nur: Aus welchem Grunde ist der
Schmutz zum Kunstprinzipe Zolas erhoben worden? Ist
seine große Ausschlachtung von Thierischem ein stiller
Wahnsinn oder eine geschäftliche Spekulation? Ein großer
Pariser Buchhändler versicherte mich des letztern, ein
großer Pariser Dichter des ersteren.

Wenn man Zola selber über sich sprechen hört, so
empfängt man natürlich den Eindruck, als ob er unbe=
wußt von fünfmalhundert Säuen besessen wäre, als ob
seine Netzhaut, wie die gleichgesinnter Maler, für reine
Farben und für Schönheit erblindet wäre. Einmal hat
er seine Thätigkeit in einem homerischen Bilde mit dem
schweren Tritte des Ochsen verglichen, der unbekümmert
um die Welt seinen Pflug zieht. Und so viel ist sicher,
daß Zola ohne eine unbesiegbare natürliche Hinneigung
zum Häßlichen seine Bücher niemals geschrieben hätte.
Man kann aus Noth Kanalräumer werden; aber Ver=
gnügen an dieser Arbeit empfindet doch nur ein Aus=
nahmemensch.

Zola freut sich ordentlich, wenn sein Fuß in die
Jauche tritt. Keine Gestalt in seinem neuen Buche ist
so kraftvoll und mit solcher Lust gezeichnet, wie die
scheinbar unbeschreibliche Mouquette, welche z. B. den
selten schönen Kernspruch Götzens von Berlichingen un=
aufhörlich beinahe wie ein Koseworт im Munde führt.
Er verzeichnet jede erotische Regung bei Kindern, Er=
wachsenen und Greisen mit derselben feierlichen Regel=
mäßigkeit, mit welcher Homer seine Helden die Begierde
nach Trank und Speise befriedigen läßt; aber er begnügt

sich nicht, wie der Dichter, mit einem kurzen Verse, er verweilt so lange bei der an sich so schönen Nothdurft der Natur, daß für die Kämpfe der Helden kein Raum und kein Athem übrig bleibt. Vollends zur Besessenheit wird Zolas einseitige Theilnahme am Cynischen, wenn er es auch außerhalb des Menschen sucht und darum natürlich ein Kaninchen poetischer findet, als eine Löwin. Das letzte Mal war es eine Katze, die uns durch zahlreiche Nachkommenschaft erfreuen sollte; diesmal ist es ein Kaninchen; nächstens wird er den Hasen zum Attribut seines Heros machen. So viel ist sicher: für den räthselhaften Aal kann Zola nicht schwärmen; sein Liebling ist die Auster mit ihrer dämonischen Fruchtbarkeit.

Diese Besessenheit, also ein unbewußt geniales Wesen zugegeben, bleibt doch die Erscheinung Zolas unerklärt, wenn nicht sein geschäftliches Interesse an der Beliebtheit der Pornographie beachtet wird. Er ist nicht so betrügerisch, daß er ein Gebreste heuchelt, um dann zu betteln; aber er ist schlau genug, um die wirklich vorhandene Krankheit vor den Augen der Leute auszustellen.

Schon die erwähnte gewaltsame Verknüpfung der einzelnen Romane unter dem Gesammttitel ist nichts weiter als der Kunstgriff eines geldgierigen Buchhändlers, der eine „Kontinuation" herstellen will. Und daß auch die Fabriksmarke der Unfläthigkeit oft nur dem Publikum zu Liebe aufgedrückt ist, das ist daran zu sehen, daß namentlich im „Germinal" fast alles Obscöne einfach gestrichen werden könnte, ohne daß das Buch als Kunstwerk das Mindeste verlieren würde. Wie in der älteren

Oper ab und zu die nackten Beine der Tänzerinnen den einschlummernden Antheil der Zuschauer neu erregen mußten, so giebt auch Zola, der „Reformator", in jedem Kapitel ein paar Nacktheiten als Reizmittel. Und er ist in der Wahl der Mittel nicht stolz; oder er ist in seinem Geschmack ein Greis geworden und rechnet auf eine Leserschaft von Greisen.

Die geschäftliche Schlauheit, die ihn aus Straßenkoth Gold gewinnen läßt, äußert sich übrigens auch in seiner künstlerischen Technik, die freilich so hoch steht, daß sie kaum von einem der lebenden Schriftsteller erreicht wird. Er steigert seine Vorzüge bis zur Virtuosität, aber er verwandelt selbst seine Armuth in einen Vorzug. Im Wesentlichen kann er nur beschreiben, mit höchster Anschaulichkeit beschreiben, aber weder erfinden noch einen Schimmer von Humor aufbringen. Den Mangel an Erfindung ersetzt er durch eine so fadendünne Handlung, daß die Schlichtheit eine schöne Absicht scheint; und den Mangel an Humor verdeckt er durch Brutalität. Alle großen Humoristen haben starke Ausdrücke geliebt; und Zola wirft mit so klotzigen Ausdrücken umher, daß er dadurch wirklich ein wenig an die schwachen Stunden großer Humoristen erinnert.

Die fadendünne Handlung, welche die breiten Beschreibungen in „Germinal" zusammenhält, ist ebenso unsauber als sie wenig naturalistisch ist. Der Arbeiter Etienne Lantier — er muß irgendwie der Bruder von Nana sein —, der in einem Kohlenbergwerk Arbeit findet, lernt im ersten Kapitel eine fünfzehnjährige Kärrnerin kennen und schätzen, und sie erwiedert seine Gefühle. Mitten in der sodomitischen Welt Zola's schmachten einander diese zwei seltsamen Liebesleute an und ehren ihre Gefühle dadurch, daß sie sich anderweitig in ganz gewöhnliche Liebschaften (wenn nicht auch dieses Wort noch für Zola zu „conventionell" wäre) einlassen. Im letzten Kapitel erst kommt es zu der von Beiden heiß ersehnten Umarmung. Ein Nihilist, dem der verpuffende Strike der Grubenarbeiter nicht gefällt, hat mit heroischer Selbstaufopferung die Verkeilungen der Schachte zerstört und das Bergwerk unter Wasser gesetzt. In einem Winkel unter der Erde kommen Etienne und seine Trine zusammen, beide dem sichern Hungertode preisgegeben. Und acht Tage haben sie's getragen, tragen's länger nicht; die Trine gesteht ihm am neunten Hungertage ihre Liebe, wird seine Frau nach dem Ritus des Naturalismus und stirbt nachher sofort an Entkräftung. Der junge Ehemann wird unmittelbar darauf gerettet.

Diese Erfindung hat alle Fehler Zolas, aber keinen seiner Vorzüge. Sentimental wie Ebers, schablonenhaft wie Marlitt sind diese Helden; und die Katastrophe vollends ist so künstlich, ja fast mathematisch nach einer Formel konstruirt, daß man fast glauben sollte, Zola habe zur Krönung des ganzen Buches einen Gegensatz zu seinem Naturalismus gesucht, er habe den Pferdedünger nur zerbröckelt, um Champignons zu pflanzen. Zola hat früher bewiesen, daß er auch für solche scheinbar entsagende, in Wirklichkeit aber krankhaft aufgeregte Liebesbeziehungen die Töne zu finden weiß. Hier aber, wo das Thier im Menschen allein beschrieben wird und wo die Helden selbst sich ganz vergnügt in dem allgemeinen Schlamme mitwälzen, hier wirkt die negative Lyrik der unbefriedigten Liebe nur mit unfreiwilliger Komik; und die Phantasie, welche eine Hochzeitsnacht der langsam Verhungernden ausgetiftelt hat, wird wohl auf gesunde Nerven wie der Traum eines Geisteskranken wirken. Mir wenigstens wäre eine naturalistische Ausmalung der Qualen des Hungertodes im Stile der Kolportage=Romane minder anstößig gewesen, als dieser greisenhafte Einfall, eine ganz neue Situation der Liebe zu beschreiben. Dem echten Dichter genügt die alte, ewig=dieselbige Liebe, um sie mit immer neuen Worten zu preisen.

Das Thier im Menschen zu sehen und sein Wirken zu schildern, das ist die Aufgabe Zolas, an welche er seine gewaltige Begabung und eine Art religiösen Eifers setzt. Dieses Thier säuft im „Assommoir,“ frißt im „Ventre de Paris“ und treibt sein Spiel in „Nana“, wenn die Thiere mir diesen letzten Vergleich gütigst gestatten wollen; und es ist kein Zufall, daß ein lächerlicher deutscher Nachahmer Zolas ihn noch zu übertreffen glaubte, als er zur großen Szene einer Novelle die Nacht machte, in der eine Hündin zwölf Junge wirft. Zola ist der Dichter des Thierischen im Menschen; und weil das Thier keine Romane lesen kann, sondern ohne wesentliche Rückerinnerung von der Hand in den Mund lebt und empfindet, darum fällt es diesem Thierdichter auch immer so schwer, für seine bewunderungswürdigen Einzelschilderungen den verbindenden Faden zu erfassen.

Ein Ochse auf der Weide hat eben nach menschlichen Begriffen keine Geschichte; und selbst eine Kuh bei der magersten Stallfütterung kann, wenn der Schlächter sich endlich ihrer erbarmt, wohl eine traurige, aber keine tragische Gestalt sein. Auch der Zola'sche Mensch, der als Heerdenvieh aufgefaßt wird, verliert die individuellen Züge, die ihn zu einem Gegenstande der Kunst machen konnten. Der Heerdenmensch ist für die Poesie verloren und nur, wie die Landschaftsmalerei etwa grasende Rinder oder Schafe im Gewitter nebenbei verwerthet, kann noch die beschreibende Kaninchenpoesie die menschliche Staffage gebrauchen. „Waldesdickicht mit liebenden Menschen", „Stubeninneres mit fressenden Menschen", „saufende Menschen am Flusse", das wären die richtigen Ueberschriften für Zolas Viehmalerei.

Während nun das Thierische im Menschen ausgelöst und in den schwärzesten Farben geschildert wird, sucht Zola neuerdings sein gutes Kinderherz durch eine sentimentale, melodramatische Neigung zum wirklichen Thiere zu offenbaren. Während er den organisirten Hungertod der Grubenarbeiter mit der brutalsten Sachlichkeit ohne Schonung berichtet, findet er plötzlich für die Leiden der Pferde, die im Bergwerke arbeiten, die Flötentöne der konventionellen Poesie.

Wenn der Papst des Naturalismus anfängt, der alten Mähre seine Worte ins Pferdegehirn zu legen, so denkt man unwillkürlich an Scheffels Hiddigeigei und und dessen ganze urdeutsche Ahnenreihe und sucht nach dem Zusammenhange.

Schon in seinem vorletzten Romane hatte Zola einige halbverdaute Bissen von Schopenhauer zu dem übrigen Schmutze gelegt. Er wußte von dem großen Fortsetzer des transcendentalen Idealismus etwa so viel zu sagen, als eine gebildete Berliner Dame, welche die „Parerga" gelesen hat. Kein blauer Dunst natürlich von Schopenhauers Philosophie und Kunstlehre, aber eine Wiederholung von seinen Anklagen gegen die schlechteste der Welten. Auch Wagner wurde damals schon erwähnt, weniger um Schopenhauers pessimistische Weltansicht mit einem Beispiele zu belegen, als der gemeinsamen Stimmung wegen. Nun in „Germinal" ist der russische Nihilist mit deutscher Philosophie genährt. Zola hat Schopenhauer studirt, und als einziger Niederschlag der ganzen Thätigkeit ist offenbar nichts weiter übrig geblieben als die trostlose Ansicht, daß die Thiere menschlicher sind, als die Menschen. Zola wird Mitglied eines Antivivisektionsvereins.

Seine Thierliebe ist aber weit entfernt von der Liebe Schopenhauers oder Vischers; er drapirt sich in seine Thierpoesie. Und dies ist der Grund, weshalb die Episode eine eingehende Betrachtung verdiente. Auch die Sentimentalität am Sterbebett des Kaninchens ist für Zola nichts weiter als ein kleines Glied in der großen Gründung, in der großen Spekulation, welche er den Naturalismus nennt. Er hat diesen Naturalismus nicht erfunden. Er hat die Erbschaft eines der größten französischen Schriftsteller, des unerschöpflichen Balzac, als herrenloses Gut auf der Straße gefunden; und auf der Straße selbst schlägt er nun die Erbschaft an den Meistbietenden los. Und man trägt den grausigen Eindruck davon, als ob seine Sinne für das Schöne immer unempfänglicher würden, als ob etwas in seinem Gehirn nicht in Ordnung wäre, und als ob er gerade die schadhafte Stelle immer anschlüge, weil der Klang gut bezahlt wird; er prostituirt seinen Wahnsinn.

Sein großer Bau von Romanen ist noch nicht beendet. Aber gerade der letzte, von seinen Getreuen mit besonders lautem Jubel aufgenommene Theil, l'Oeuvre, bildet für das Urtheil einen gefälligen Abschluß, weil Zola hier sein Kunstprinzip selbst gewissermaßen zum Helden gemacht hat. Er hatte sich bereits früher, nicht ohne Gefallsucht, zu einer handelnden Figur seiner Romane gemacht. Diesmal läßt er den reichgewordenen Verfasser naturalistischer Romane bei voller Beleuchtung auftreten, freilich nur als den glücklichen Freund des naturalistischen Malers, dessen Geschichte er erzählt.

Glänzender als je zuvor zeigt sich hier Zola's Augenschärfe und wenn er ein Fünkchen Humor besäße, so hätte er mit seiner verbissenen Satire und seiner Wucht den Dichter der Sappho auf dessen eigentlichem Gebiete geschlagen. Daudet fügt die wilde Künstlergesellschaft seinem Plane so vollständig ein, daß die hübschesten Einfälle und die absonderlichsten Menschen nur soviel Licht erhalten, als die Hauptgruppen ihnen übrig lassen. Solche Rücksichten kennt Zola ebensowenig wie sein Maler. Wie in blinder Wuth stürmen beide ohne Ziel in einer graden Richtung weiter. Und wie ein scheu gewordenes

Roß wohl selbst ein anregender Anblick für einen arbeitenden Pferdezeichner ist, selbst aber keine Arbeit verrichtet, so ist auch der Held des letzten Zola'schen Romans wohl werth, von einem Dichter dargestellt zu werden. Und Zola wäre der richtige Mann für dieses Werk damals gewesen, als er zu schreiben anfing, als der verkannte, sich im Ehrgeiz verzehrende Naturalist noch er selber war, als er noch kein Dogma aufgestellt und das faunische Fabrikszeichen seiner Bücher noch nicht eingeführt hatte.

Trotzdem steht l'Oeuvre als Studie hoch über den bisherigen Schöpfungen. Zum ersten Male machen wir die Bekanntschaft eines Menschen, der an etwas anderes denkt, als an die schöne Nothdurft der Natur; und wenn der Mann nicht unglücklicherweise wieder ein bischen verrückt wäre, die Studie über das Seelenleben eines Bahnbrechers wäre ein Meisterstück. Sie aber zu einem Roman abzurunden, das verbieten dem Verfasser seine Grundsätze. Die pedantische Vollständigkeit, mit welcher uns einmal sämmtliche Wurstarten, das andere Mal alle Fuselsorten aufgezählt werden, verlangt hier, daß wir das öde Eheleben des Malers in allen seinen Freuden und Leiden kennen lernen. Die Leute können sich kein Dienstmädchen halten; der Leser muß ihnen die Betten machen und die schmutzige Wäsche waschen. Zola hat in dem verkommenden Maler das rührende Bild eines Reformators geben wollen, dem es nicht so gut erging, wie ihm selber. Und er deutet ehrlich darauf hin, daß der Freund des Märtyrers, eben jener satte Romandichter, der klügere von Beiden war. Der unglückliche Maler war eben trotz seiner Schrullen doch ein echterer Künstler als Zola, der selbst hier, wo er uns in sein Allerheiligstes zu führen verspricht, wiederholt einzelne Bilder aufdrängt, bei deren Anblick ein Danziger Sackträger erröthen würde.

Selbstverständlich wäre die Erscheinung eines solchen Schriftstellers nicht zu beachten, wenn dieser nicht zugleich eine Kraft besäße, die über das Maß seiner meisten Zeitgenossen hinausreicht. Von der Macht und künstlerischen Schönheit seiner Sprache giebt die Uebersetzung kaum einen Schimmer, wie denn der deutsche Leser sie wohl auch im Original nicht voll genießen kann. Aber die Schärfe und der Reichthum seiner Genrebilder ist fast unerhört in der Poesie. Vielleicht wird die Zukunft, die ihm so oder so sicher ist, in der glücklichen Lage sein, über ihn als eine vergangene Verirrung, milder urtheilen zu können, vielleicht wird man in ihm einen Niederländer der Poesie erblicken und um der Revolution willen, die er begonnen hat, seine Ausschreitungen verzeihen. Vielleicht wird aus seiner Schule der Dichter der Gegenwart hervorgehen, der auf Zolas Schultern stehen und darum in freier Luft athmen wird, wenn sein Meister schon bis an den Mund im Kothe steht; vielleicht wird dann ein glücklicheres Geschlecht Zolas poetische Errungenschaften genießen und über seine traurigen Unfläthigkeiten lächeln können. Wir stehen mitten im Kampfe und haben wohl auch darum keine Zeit und keine Pflicht, schon bei Lebzeiten historische Gerechtigkeit zu üben.

Ein Urbild
des Stilkünstlers Wippchen.

Stettenheim's Wippchen, der sich so vortrefflich auf Bilder-Vermengung versteht, wäre kaum zu so großer Beliebtheit gelangt, wenn die Urbilder des Bernauer Kriegskorrespondenten nicht so häufig und sogar in den Kreisen bekannter Schriftsteller zu finden wären. Wippchens Gestalt verdient reichlich ihren Ruhm, weil sie in übermüthigster Form die literarische Aufgabe erfüllt, unser elendes Zeitungs- und Bücher-Deutsch zu geißeln. Daß Wippchen seine Berichte an seinem Schreibtisch zusammenlügt, ist lustig, aber es trifft die deutschen Verhältnisse nicht oder doch nicht mehr als fremde. Die Satire beginnt, wenn dieser Wippchen sich „auf den Kothurn setzt" und die natürlichen Bilder der Sprache durcheinander mischt; hierin sind in der That die meisten unserer Schriftsteller arge Sünder und ein aufmerksamer Leser wird selbst bei angesehenen Mitarbeitern unserer deutschesten Wochen- und Monatsschriften alltäglich solche „Wippchen" entdecken. Ja, man kann wohl sagen: die

Mehrzahl unserer Schnellschreiber behandelt die deutsche Sprache so formalistisch, als ob sie todt wäre, und wenn dann einmal der alten Sitte wegen ein sogenanntes Bild gebraucht wird, so widerspricht es dem Geist der Sprache und wird komisch. Wenn Einer im Gespräch so etwas hinsagt, so nennt man ihn gedankenlos; im Grunde ist es aber nicht Mangel an Gedanken, sondern Mangel an sinnlicher Anschauung und darum sollte ein solches Unglück einem Dichter niemals zustoßen, außer wenn er von Sinnen ist.

Ein französischer Schriftsteller von einiger Bedeutung wird sich niemals so sehr an dem Geiste seiner Sprache versündigen; und wenn wir an die ersten Franzosen den strengsten, Maßstab angelegt haben, so verlangt die Gerechtigkeit, daß wir es aussprechen, wie leichtsinnig, ja unanständig die allermeisten Deutschen mit ihrem heiligsten gemeinsamen Besitzthum verfahren. In dem Büchlein eines der feinsten und gebildetsten Berliner Schriftsteller habe ich die Flüchtigkeit gefunden:

„In einem großen Theekessel brobelte unter der Spirituslampe das kochende Wasser." Ferner:

„Mit aufgerichtetem Kopf, breitschulterig, selbstgewiß ging er durch die Straßen . . ." Man könnte mit demselben Rechte eine Romangestalt als „betrunken und blond" einführen.

„Darf ich den Wunsch aussprechen, daß wir uns nicht zum ersten= und letztenmal gesehen haben mögen?" Er will der Dame gewiß etwas Angenehmes sagen;

aber der Wunsch, er möchte sie auch nicht zum ersten Male gesehen haben, ist doch gar zu unhöflich.

„Zwei-, dreimal schon hatten sich unsere Blicke auf dem Zifferblatt der Wanduhr getroffen; verlegen hatte er dann die Augen niedergeschlagen." Daß Blicke einander treffen, wenn die Leute einander anschauen, das ist auch bei anderen Dichtern schon vorgekommen. Auch in einem Spiegel können sich die Augen begegnen, wenn sie es geschickt anfangen. Wie sie sich aber auf einem Zifferblatt treffen können, das ist und bleibt ein Geheimniß; das geht für meinen Geschmack noch über das kochende Wasser, welches unter der Spirituslampe brobelt.

Wie gesagt, die Sprachverhunzung ist ein altes deutsches Erbübel. Aber unter allen lebenden Literaten, deren Namen halbwegs bekannt geworden sind, treibt es Niemand ärger, als der sonst so geschickte und verdienstvolle Redakteur der „Deutschen Rundschau", der Lyriker Julius Rodenberg, der die Sprache fast auf jeder Seite seiner Schriften mehr oder minder gröblich beleidigt, und den doch die allgemeine Achtung vor seinen Mitarbeitern gegen eine ernste Kritik zu feien scheint.

Es giebt eine schwächliche, offiziöse Sprache, die künstlerisch unwahr wird, weil sie in ihrem Gehalte unwahr ist, eine Geschäftssprache der alten Diplomatie; Bismarck würde dafür allein den Dank jedes Deutschen verdienen, daß er in seinen Reden der Wahrheit und der Kraft wieder ihr Recht eingeräumt hat, so oft es eben möglich war. Gegen diese häßliche Redensarten-

Sprache wendet sich halb unbewußt Alles, was zum linken Flügel der gegenwärtigen Literaturbewegung gehört. Flaubert hat dieses Kauderwälsch in einem seiner feinsten Werke verspottet, Ibsen legt es seinen erbärmlichsten Alltagsmenschen in den Mund: dem Gatten Nora's, dem Geistlichen in „die Gespenster", dem Bürgermeister im „Volksfeind". Wenn die Sprache ihr eigenes Ethos hätte, ich würde diesen Mißbrauch ihrer Reize im Ernste unsittlich nennen.

Diese sittliche Sprachsünde vereinigt sich nun bei Julius Rodenberg mit einer ganz unglaublichen Harthörigkeit für die Gesetze des deutschen Stils. Ich will von seinen Gedichten nicht sprechen. Wer die Entdeckung mittheilt:

Immer, will es Frühling werden,
Fängt die Erde an zu blühn . . .

wer in der Dämmerung just eine Felsenspitze aufsucht, um sich keck darauf zu legen; wer einmal die Möwe und den Gischt so sehr verwechselt, daß er den Gischt anstatt der Möwe irgend etwas beißen läßt; wer für Beethoven keinen neuern Ausdruck findet, als daß er „in die Saiten greife"; wer den alten Scharnhorst „als die schönste Heldenlanze" brechen läßt; und wer dann noch seinen Stoffen „Liebesewigkeit" zu geben hofft, der wäre ein unfreiwillig humoristischer Lyriker, auch wenn er nicht in dem kleinen Goldschnittbande ein Dutzendmal, wohlgezählt, „Herz" auf „Schmerz" gereimt hätte, und etwa ebenso oft „Wonne—Sonne", „Brust—Lust" und sogar „Liebe—Triebe". Wippchen hat ja auch Liebes=

lieber veröffentlicht; und die Komik besteht immer darin, daß er alte Bilder, die an anderer Stelle richtig waren, jetzt falsch anwendet. Ein alter Harfner greift in die Saiten, aber schon Laura am Klavier „meistert" durch sie. Ebenso spricht von einer Felsenspitze, wem der Gipfel aus der Ferne so erscheint; wer sich aber auf den Bergrücken hinlegt, der fühlt und sieht keine Spitze mehr. Doch diese jugendlichen Stilübungen sind in ihrer Einfalt noch nicht der echte Rodenberg; man muß seine neueren und neuesten Bücher zur Hand nehmen, um die feierliche Leere und die blühenden Sprachschnitzer hübsch dicht bei einander zu finden. Der Titel eines dieser Bücher ist selbst ein gutes Beispiel.

„Heimatherinnerungen an Franz Dingelstedt und Friedrich Oetker", so hat Julius Rodenberg, sonst geschmackvoller im Erfinden von Namen, das Buch getauft. „Heimatherinnerungen" geht hier wirklich nicht. Das bedeutet entweder Erinnerungen an die Heimath, dann sind es nicht die an Dingelstedt und Oetker; oder es bedeutet die Erinnerung der Heimath, dann sind es wieder nicht die Rodenbergs.

Mit dem Inhalt des Buches bin ich durchaus nicht einverstanden; aber zahlreiche Anekdoten aus den biographischen Aufzeichnungen der beiden Titelhelden runden sich wenigstens scheinbar zu einem lesbaren Buche, in dem nur der Fachgenosse die klaffenden Fugen zwischen Scheeren- und Federarbeit erkennt. Der Standpunkt, von welchem Rodenberg die Charakterfehler Dingelstedts in Schutz nimmt, ließe sich am Ende vertheidigen, wenn auch die Fähigkeit des Verfassers, den starrsinnigen Volksmann und den gesinnungslosen „Tyrannenvorleser" in einem Athem zu preisen, überraschen muß. Auch sein Eifer, jedem im Buche vorbeihuschenden kleinen oder großen Menschen etwas möglichst Verbindliches zu sagen, erinnert schon als Flaubert's meisterhaft persiflirende Redensarten=Sprache; doch es ist eine Eigenthümlichkeit der Bettler und Könige, jeden Begegnenden zu grüßen. Auch läßt sich diese Freundlichkeit, sowie eine beinahe altmodische Sentimentalität vielleicht auf natürliche Herzensgüte des Autors zurückführen, sowie die Hoch=achtung vor der gesellschaftlichen Stellung des „Frei=herrn" v. Dingelstedt auf eine übergroße Bescheidenheit. Denn ein Schriftsteller, der eine stolze Meinung von seinem Stande hätte, würde sich hüten, das „Singen um Frauendank und Fürstengunst" als Kennzeichen des „modernen" Menschen anzuführen oder gar die folgenden Sätze niederzuschreiben: „Wäre D. in einem Lande wie Frankreich oder England geboren — — — dann freilich hätte er das Brevet des Schriftstellers nicht mit dem Wappen des Edelmannes zu vertauschen brauchen."

Nicht jedes deutsche Ohr ist so empfindlich, daß es auch aus diesen Worten den offiziösen Ton heraushören müßte; namentlich solche Leute, welche sich ihren natür=lichen Sprachsinn durch Vereinsredner und schlechte Zei=tungen haben verderben lassen, nehmen das Grinsen nicht mehr wahr, durch welches das Lügendeutsch der Leichensteine und Festreden sich von sachlichen Mannes=worten unterscheidet. Da trifft es sich ganz glücklich, wenn der Redensartenschreiber zugleich geschmacklos genug ist, sich durch „Wippchen" auch dem Harthörigsten zu verrathen.

Und damit man nicht glaube, daß ich boshaft bin und den Autor wegen irgend eines vereinzelten Versehens schikanire, will ich eine kleine Blüthenlese von sprachlichen Unglücksfällen hersetzen.

S. 17. „Dr. Boclo, vor mir schon Dingelstedt's und Oetker's Lehrer"; der Verfasser will nämlich sagen „bevor Dr. Boclo sein (Rodenbergs) Lehrer war" und macht sich aus Versehen selbst zum Lehrer seiner älteren Freunde.

S. 29. „Der Schmiß befreite den bis dahin Leidenden von dem letzten Rest eines kranken Lungenflügels", anstatt „von dem letzten Rest eines Lungenleidens". Eine Perle!

S. 46. Dingelstedt bekam früher geringe Honorare. „Als Mitarbeiter der Rundschau war mein lieber Freund D. nachmals nicht mehr so billig." Er war nämlich so unbillig, seine Artikel nicht wohlfeil herzugeben; und der Redacteur deutet nicht ohne Selbstgefälligkeit auf die Tugenden seines vortrefflichen Verlegers hin.

S. 56. Er gründete „eine aus jugendfrischen Elementen zusammengesetzte Gesellschaft beiderlei Geschlechts." Schrecklich! Ein Schulmeister müßte die Worte ordnen: 1, 2, 3, 4, 7, 8, 5, 6. Und dann wär's noch nicht allzu schön.

S. 193. „unsere gemeinsamen Reminiscenzen." Dagegen wäre nichts einzuwenden, wenn der Verfasser nur nicht etwas ganz Anderes gemeint hätte, etwa "unser Beider Jugendeindrücke", die aber nicht gemeinsam waren.

S. 208. "Weber im Reichstag, noch im Landtag hat er kaum jemals gesprochen." Ein höflicher Mann könnte diese Fügung französisch nennen; deutsch ist sie gewiß nicht.

S. 219. "während das uferlose Meer sich vor meinen Fenstern ausdehnte." Diese Fenster befanden sich aber in einem Hause, das Haus stand am Ufer, also war das Meer doch nicht so uferlos, wenigstens nicht für die Augen des schreibenden Wippchen.

S. 236. Das Buch schließt mit den denkwürdigen Worten (bei denen der Verfasser seinen zweiten Helden völlig vergessen hat): "Wer ein solches Lied gemacht, darf sicher sein, als Mensch in der Achtung und als Dichter im Gedächtniß der Nachwelt fortzuleben." Das klingt ganz hübsch, und mancher junge Anfänger könnte sich verleiten lassen, die Worte abzuschreiben und fortan manchen Nekrolog damit zu schließen. Es paßt auf jeden Dichter und Musiker. Darum will ich doch bemerken, daß man in der Achtung der Leute ohne ihr Gedächtniß nicht gut fortleben kann, daß das "Gedächtniß" doch wohl ein achtungsvolles sein soll: daß also die Gegenüberstellung von Mensch und Dichter nicht recht geglückt ist.

Mit einem zweiten Buche Julius Rodenberg's "Belgien und die Belgier" (der Untertitel ist wieder undeutsch) will ich die Wette gewinnen, daß durchschnittlich auf je zwei Seiten davon ein offener oder versteckter

Verstoß gegen Logik, Grammatik oder Sprachgeist komme. Ich will nur solche Proben auswählen, welche gleich für eine ganze Gattung solcher Sünden bezeichnend sind.

S. 42. „Diese Personen= und Etiquettefragen erledigt, durfte ich mich dem schönen Augenblicke hingeben." Ein hübscher Beweis, daß der Verfasser lateinisch, nicht aber daß er deutsch schreiben gelernt hat.

S. 53. Ein belgischer Dichter ist auch bei uns „viel gelesen worden. Er verdient es zu sein." Das ist zur Abwechslung wieder französisch, aber auch nicht deutsch.

S. 82. „Das war in der That einer jener Momente, die zu schön sind, als daß sie lange dauern könnten." Ein ganz ungewöhnlicher Moment, der nicht lange dauert!

S. 88. „Dieser Platz hat jetzt ein achtzehntes Jahrhundert=Aussehen."

S. 129. „Manches ihrer Bilder schmückt noch einige unserer besuchtesten Salons." Ein „s" fort, und der Satz wäre nicht falsch; doch das „s" steht da.

S. 169. „Es ist eine von den feinen Bemerkungen Jakob Grimm's, welche etwas von der Offenbarung in sich haben." Das ist ja Blasphemie! Und Rodenberg wollte gewiß nur von einer Offenbarung sprechen.

Ich will den Bildungsgrad des Verfassers nicht berühren. Daß er die unmöglichsten Fremdwörter, und mitunter falsch, gebraucht, daß er „Sphinx" wie jeder Halbgebildete „Sphynx" schreibt, muß allerdings Bedenken erregen; aber am Ende haben die Sünden, gegen welche ich hier zu Felde ziehen wollte, mit den Kenntnissen des Schriftstellers wenig zu thun. In frühern Zeiten haben sogar unsere Gelehrten den Geist ihrer Muttersprache häufiger mißachtet als die Laien; erst heutzutage, seitdem alle Welt sich gedruckt sehen will, ist es die Halbbildung, welche unser armes schönes Deutsch am schlimmsten mißhandelt.

Und noch einmal sei es bemerkt: wer mit den begabtesten und erfolgreichsten Franzosen wegen ihrer Fehler ins Gericht zu gehen wagt, der ist verpflichtet, auch die deutsche Erbsünde bei ihrem Namen zu rufen. Und wenn wir sonst wirklich berechtigt wären, die alte Ueberschätzung Frankreichs nun gegen eine gefährliche Unterschätzung umzutauschen, um Eins müßten wir sie dennoch beneiden: um die Verehrung, welche auch der letzte französische Schreibergeselle für seine Muttersprache fühlt und beweist. Unsere Schriftsteller entwürdigen sich selbst (die Ausnahmen sind selten), indem sie die Sprache schänden, die für sie dichtet und denkt. Mein Sündenbock ist nicht der bedeutendste unter den sprachgefährlichen Menschen; er treibt es nur am ärgsten.

So groß aber Rodenberg's „Insignificanz" ist (um mit einigen seiner Lieblingsworte zu schließen), und so gering seine „Imagination", die „amphibische" Beschaffenhet seiner Sprache ist gewiß als eine „Sehenswürdigkeit" kenntlich geworden und so werden hoffentlich diese Zeilen „nicht ganz ohne Consequenz" bleiben.

Inhalt:

	Seite
Gottfried Keller	1
Fr. Th. Vischer	41
J. V. Scheffel	70
Bret Harte (Parodie)	80
Paul Lindau	86
Daudet und Zola	110
Ein Urbild des Stilkünstlers Wippchen	144

www.ingramcontent.com/pod-product-compliance
Lightning Source LLC
Chambersburg PA
CBHW030300170426
43202CB00009B/824